本質を見抜く「考え方」

中西輝政

サンマーク文庫

まえがき

世の中のさまざまな言い分、見解、判断などといったものに接して、「誰のいっていることももっともに聞こえる」「みんなそれぞれに立派な理屈がありそうだ」などと感じて、いったいどの結論が正しいのか、わからなくなってしまう――。そんな経験はないでしょうか。

これは恥ずかしいことでも珍しいことでもありません。むしろ、何ものにもとらわれない素直な考え方をしていたら、多くの場合、こうした疑問をもって当たり前なのです。

「いや、そんなことはない。インチキな議論はインチキだし、正しい理屈は正しいとすぐわかる」などといっている人がいたとしたら、その人のほうが自分の狭い了見にとらわれた、偏った判断しかできない人だといっていいでしょう。

ごく一般的な意味でいって、正しいものの見方や考え方をするのはむずかしいことです。それは、「正しい」ということが何を指しているのか、簡単には定義できないことからもわかります。

しかし、そのむずかしさの中で、少なくともこういうことはいえると思います。

正しいものの見方や考え方というのは、できるだけいろいろな立場や視点からものごとに光を当て、曇った眼鏡や色眼鏡、歪《ゆが》んだレンズでものごとを見ないようにすることから始まるということです。

そのために何が大切か、誰の目にも明らかなのは、すでにできあがっている他人の考え方に染まらないで、「自分の頭で考える」ということです。

一見もっともらしく思われる他人の判断や見解を、そのまま自分の頭に取り入れるということは、もしかしたらとんだ色眼鏡や歪んだレンズに、自分の頭を支配されかねないということです。

私たち学者は、つねにこの危険に身をさらしているといえます。

古今の文献をひもとき、新たな情報を渉猟し、それらを検証して自分なりの見解を導き出さねばならないのですから、下手をすると先人の考えをつぎはぎした、モザイクのような考え方しかできなくなってしまうおそれもあります。

とりわけ私の専門である国際政治学という分野では、学術研究の世界だけでなく、現実の国際政治の生々しい現象についてつねに判断を求められます。

そういう中で私は、いかにしたら色眼鏡や歪んだレンズでものを見ないよう、

「自分の頭で考える」ことができるかを模索してきました。そしてそのために実践してきた方法は、むずかしい学問の世界だけでなく、考える分野の違いを超えて、身近な人生や人間、会社や社会、政治や経済を考えるときにも通用するのではないかと思ったのです。

ものの見方や考え方についてよく知られたものでは、笠信太郎著『ものの見方について』、小林秀雄著『考えるヒント』などの歴史的名著があります。

ただ、これらはいずれも、実践的な「方法」を教えるというより、たとえば伝統について外国ではどう考えるか、忠臣蔵を歴史との対比でどう考えるか、というように、個々のテーマについて、著者の考える「プロセス」を示したものといっていいでしょう。

ですから、そこからどんな「ものの見方」や「考えるヒント」を導き出せるかは、読者の眼識にかかっていることになります。含蓄ある名著ではありますが、やさしく書かれているようでいて、なかなかむずかしい内容です。

とくに『考えるヒント』は、さすが日本を代表する知性といわれた著者だけに、読者によってはその精緻《せいち》な分析や推論から「考えるヒント」を感得するには、かなり骨が折れるにちがいありません。

もちろん私の手法も、実際には国際政治や文明の歴史の個々の事例を考えたプロセスを離れてはありえません。一方には、論理学的な考え方のように、純粋にものを考える普遍的な論理や技術を扱う学問の分野もありますが、これは生々しい現実社会の問題を考えるには現実離れしすぎています。

先ほどあげた『考えるヒント』の「考えるという事」という一節に、こんな記述があります。要約して記します。

――本居宣長の説によると、「かんがふ」は「かむかう」からきていて、「かれとこれとを、比校（アヒムカ）へて思ひめぐらす意」になる。「むかふ」の「む」は身であり、「かふ」は交うであるとするなら、考えるとは物に対する単に知的な働きではなく、物と親身に交わることだ。宣長がいわゆる「世の物しり」をしきりに嫌いだといっているのも、物しりはまるでその意味での考えるということをしていないことになるからだろう――。

ここでいう「物」とは、考える材料になる対象のことでしょう。考えるということは、対象と「親身に交わる」こと、つまり知識や理論を振りかざすのではなく、世の中のさまざまな現象と虚心坦懐《たんかい》に向かい合うことから始まるということです。

私の実感からも、まさにそのとおりだと思います。考えるという作業は、まず対象と素直に向き合うこと、目の前の現象を歪みのない目で見ることから始まるのです。

そこでこの本では、素材としては私が専門分野でものを見たり考えたりした実例や、対象と親身に交わった実例などを引きながら、そこから一般にも通用する「ものごとの本質を見抜くための考え方」を抽出していくことにしました。読者にとって、どんなものの見方や考え方が役立つかについては、編集者とともに読者の興味・関心と親身に交わり、とことん論議しながらアイテムや表現方法を選びました。

本文にも出てきますが、むずかしいことをやさしく書くことのむずかしさに挑戦し、やさしく表現できたときにこそ、そのテーマがさらに一段深まるという感懐を抱きながら、改めて考えることの楽しさに触れることができました。

そんな経緯でできた本書が、読者のみなさんの、自分の頭で考える楽しさや、ものごとの本質を見抜く考え方のために、少しでもお役に立てれば幸いです。

中西 輝政

本質を見抜く「考え方」　目次

まえがき……3

第1章　考え始める技術

▼考え方01　「自分」とは何か……18
――自分を映す鏡が歪んでいたら、ほかのものが映ったときの歪みに気がつかない。

▼考え方02　「敵」をはっきりさせる……21
――「敵を知り己を知れば」ではなく、敵を知ることが即、己を知ることになる。

▼考え方03　「宙ぶらりん」に耐えること……25
――人は答えが出ないことに耐えられず、早まって誤った判断を下すことが多い。

▼考え方04　必ず「言葉」にしてみる……28
――表したい言葉を探すことは、「考えること」である。

▼考え方05　自分なりの「仮説」を立てる……32
――一つの見方を基準にすると、ほかの考え方が明瞭に見えてくる。

▼考え方06 とにかく一度「結論」を出す……36
——不完全でも自分なりの答えを出しておけば、あとで自分の考えをチェックできる。

▼考え方07 最初に得た「直感」を思い返す……39
——「直感」とは、思考過程を経ないで出た、ものごとの本質であることが多い。

▼考え方08 むずかしい話を「やさしく」言い直す……42
——むずかしいことをやさしく表そうとすることで、考えは進む。

▼考え方09 「行動しながら」考える……45
——動いてみると、いままで気がつかなかった問題点を発見できることが多い。

▼考え方10 「動あれば反動あり」……48
——一つの動きがあるときは、それに反する動きが必ず起こる。

▼考え方11 「三つのセオリー」を当てはめてみる……51
——「作用反作用」「慣性」「鹿威し」でものごとを考えると整理しやすい。

▼考え方12 問題を「三つの要素」に分ける……55
——「三」は安定感を与える数字で、ものごとの整理やまとめに向いている。

▼考え方13 「答え」より「考え方」の重要性を知る……58
——答えだけを早く知ろうとすると、けっして考える力は身につかない。

第2章　考えを深める技術

▼考え方14　「民意」もあやまつ……64
——自分を含め、大多数の一般的な意見に流されると判断を誤る。
▼考え方15　自分の頭の「ルーツ」を知る……69
——自分が好きだったものの中に、自分の考え方の原点がある。
▼考え方16　どんな情報も「歴史」に還元する……73
——一つの時代しか見ていないと、考えの妥当性がわからない。
▼考え方17　問題の「外に」出てみる……76
——客観的に問題を見ることで、さまざまな視点からの考え方が生まれる。
▼考え方18　「よき異端」をめざす……81
——主流に近いだけで正しいという錯覚に陥らないよう、つねに反芻する。
▼考え方19　おもしろいと「感じる」ほうを選ぶ……86
——周りのものにとらわれず、自分の感性を大切にする。
▼考え方20　「逆説」を愛する心を持つ……91
——一見無秩序で不可解な世界に立ち向かってこそ、考える力は養われる。

▼考え方21 「迷い」は将来への投資ととらえる……95
――悩み、惑い、試行錯誤することこそ、考えを広げ深める訓練の場になる。
▼考え方22 「粘り」と「潔さ」の両面を持つ……99
――相反する要素を併せ持つことで、悩むことを楽しむ境地が拓けてくる。

第3章 間違いを減らす技術

▼考え方23 「択一」より「共存」を意識する……104
――物と心、進歩と伝統などの対立軸が一方に傾いたとき危機を招く。
▼考え方24 論理は「保険」と心得る……111
――直感で動いたほうがたいていの場合正しくて早いが、思わぬ間違いも多い。
▼考え方25 「自分に都合のいい論理」を調達しない……116
――日本の過ちは、そのときに都合のいい「似非論理」によるものだった。
▼考え方26 「正しいこと」と「効率のよさ」を混同しない……120
――中国や欧米で行き詰まった支配の哲学の「空」を知る。

▼考え方27　「効率」と「精神」のバランスをとる……124
——組織を支えるには、「支配の効率」と「精神のリスク管理」の両方が必要である。

▼考え方28　効率を「量」でなく「質」でとらえる……128
——日本の生き道は、「量的効率」ではなく「質的効率」にある。

▼考え方29　「近代の終わり」を意識する……132
——人間という種の存亡が問われる時代、「本性に戻る」考え方が求められる。

第4章　世の中を考える技術

▼考え方30　国単位でなく「文明単位」で見る……138
——日本は、一国だけで一つの文明圏をなす唯一の存在である。

▼考え方31　「どん底」から復活を考える……142
——衰退と復活を繰り返した歴史を見ると、その国や人の「底力」が読み取れる。

▼考え方32　世と人とは元来「うまくいかない」もの……146
——ギリシャ哲学も老荘思想も、「人間が世の中とどう折り合うか」を考えた。

▼考え方33 評価でなく「事実」だけを見る……149
——イギリス庶民は、人の評価にとらわれない健全な猜疑心をいつも持っている。

▼考え方34 「本分を貫く」ことで社会貢献を考える……154
——社会奉仕でなくても、自分の本分を果たすことで世のためになれる。

▼考え方35 天下国家も「自分の問題」としてとらえる……158
——自分に関係のないように見える問題も、身近に引き寄せると見え方が変わる。

▼考え方36 国を知るには、まず「神話」を知ること……161
——神話から始まる雑多な歴史を読んでいると、教条主義に陥らない。

▼考え方37 日欧のエリートを「同じ土俵」に置かない……165
——日本人は人種的に平等な民族で、エリートが生まれる素地がない。

▼考え方38 「政府」と「国民」の違いを知る……170
——首都ワシントンを一番意識していない国民はアメリカ人である。

第5章　疑問を抱く技術

▼考え方39　ふと浮かんだ「疑問」を封じ込めない……174
——情報は歪められていることがあるので、自分の実感を大切にする。
▼考え方40　誰も疑わない「美しい言葉」こそ疑ってみる……179
——戦後日本人に思考停止を強いた四つの言葉とは何か。
▼考え方41　数字や論理の「正しさ」に惑わされない……184
——形式的に整った論理より、肌身の感覚を大切にする。
▼考え方42　「先に結論ありき」の議論に注意する……189
——反論の余地のない見事すぎる議論は、仕組まれている可能性がある。
▼考え方43　「早く」見つけ、「遅く」行動する……192
——問題を早く知ることができれば、じっくり対策を立てられる。
▼考え方44　「全員一致」は、まず間違いと心得る……197
——アンケートで圧倒的な数字を示す考え方こそ危ない。

第6章　情報を考える技術

▼考え方45　変化を見るまえに「不変」を見る……202
――変わるものに目を奪われていると、もっとも大切なものを見失う。
▼考え方46　バラバラの「事実と数字」を見つめ直す……207
――ファクツ・アンド・フィギュアーズの集積からしか「真実」は見えてこない。
▼考え方47　「自分の絵」にして精度を高める……212
――公開情報を無視しないで、その確度を高めていくことを考える。
▼考え方48　「目的意識」を明確にする……216
――あふれる情報に流されやすい人間の弱さを知っておく。
▼考え方49　チェックには「別の頭」を使う……219
――予断や先入観を排するには、情報収集と判断の役割を分ける。
▼考え方50　危機は、まず「人心の変化」に現れる……222
――本当の危機は、まず人の心の中に現れ、それが形になって「出来事」となる。
▼考え方51　「予兆」を感じるアンテナを磨いておく……226
――大きな変化には必ずそれに先立つ現象があるが、人はそれを忘れやすい。

▼考え方52　「三十年以上先」は、現在の延長で考えない……229
――長期の予測は「投影史観」を採用すると大きく外れることが多い。
▼考え方53　「日本人」を明確に意識する……234
――自画像をはっきり持てば持つほど、ものごとをしっかり考えられる。

装丁……川島進（スタジオ・ギブ）
編集協力……柳下要司郎　ぷれす

第1章

考え始める技術

考え方
01

「自分」とは何か

考えるポイント　自分を映す鏡が歪んでいたら、ほかのものが映ったときの歪みに気がつかない。すべてのものの見方・考え方は、正しい自画像を出発点にして始まる。

外国に留学した日本人の多くが、疎外感を感じる場面があります。

外国のことは留学前から一生懸命勉強して、それなりの知識を身につけて行ったのに、行った先の外国人からは、日本の古典や伝統芸能などのことを聞かれ、答えられなかった自分にショックを受けるのです。

この経験は、じつは貴重なものです。おそらくこのような経験をした人は、日本人でありながら日本特有の文化や伝統を知らなかったことを恥じて、帰国してから一生懸命勉強しなおすでしょう。

外国に行って日本的なものを見直す機会にめぐりあい、日本人としてのアイデンティティに目覚める人はけっして少なくありません。私自身、『古事記』『日本書紀』などの日本の神話や古典に没頭したのは、イギリス留学中でした。

「グローバル社会」と耳にたこができるくらいいわれている国際社会の中でこそ、逆に「日本とは」「日本人とは」「自分とは」ということを、自分の頭の中、胸の中にしっかりと持っていないとやっていけないのです。

いろいろな場面で、自分はどんな人間であり、どんなことを大事に思い、これだけは絶対に譲れないものとして何を持っているのかが問われます。それを外に対してしっかりと発信することで、「自分自身の座標軸」を定めることができ、行動に移すこともできるのです。

私は、国際政治学、国際関係史、文明史を専攻分野として研究してきましたが、いつもそのことを基本に置きながらものごとを見てきました。

まず文明史の視点で、日本は、どんな国かという日本のあり方についての自画像を描き、自己認識を明確にします。その上で、国際社会において日本はどうしたらいいのかという議論をしていきます。「日本とは何か」ということがわからなければ、国際社会での問題を考えることはできないのです。

いま日本が早急に対処を迫られている国際問題に、北朝鮮にかかわる「六カ国協議」があります。そのとき、自画像が明確でないと、どうしていったらいいのかがはっきりせず、結局「国際協調でみんなに合わせていこう」とか、「みんなと歩調を合わせることが穏便な道だ」という結論に達してしまいます。

そうなると、国際協調の名の下に、「日本だけが反対するのはよくない」「みんなに合わせないと日本は孤立する」などの論調が幅を利かせることになります。しかし、そういうときこそ「日本とは何か」をわきまえた行動をとらないと、協調すればするほど、結果として日本を孤立させることになりかねないのです。

「自分とは何か」を知ろうとすると、その姿を見るための「鏡」が必要です。その鏡が歪んでいたら、そこに映る自画像も歪んでしまいます。ですから、自分を正しく知るには、まず歪んでいない鏡を手に入れることです。

自虐的にしか自分を見られない多くの日本人の姿を見ると、自分を映す鏡が歪んでいるのではないかと思うことがあります。自分を映す鏡とは、つまり「歴史観」です。歪んだ歴史観には、歪んだ自画像しか映りません。

歪んでいない鏡で日本という国や、自分自身を見ていただきたいと思います。すべてのものの見方・考え方は、「正しい自画像」を出発点にして始まるのです。

考え方
02

「敵」をはっきりさせる

考えるポイント 「敵を知り己を知れば」ではなく、敵を知ることが即、己を知ることになる。日本人の美点を生かすためにも、あえて自らに仇《あだ》なす敵を見据えて己を見直すことである。

「考える」という作業を始めるのに、まず「自分とは何か」を知ることが必要であるといいました。たとえば自分の国を正確に知るには歪みのない鏡、つまり自虐的でない正しい歴史観を持たなければなりませんが、このほかにも自分を映す大切な鏡があります。

外国に行くと自国や自分がよりよく見えるようになるというのも、見方を変えれば、外国という鏡に自分を映したからです。この原理で、もっとも鮮明に自分の像を映し出してくれるのが、「自分の敵」の存在です。

輪郭がぼけてあいまいになっていた自分の像も、「敵」という明らかに色目の違う「地」の上に置くと、くっきりと浮かび上がります。

戦後半世紀以上、表面的には平和と繁栄の時代を過ごしてきた日本は、いまになってその自画像の「あいまいさ」が問題になっています。そもそも戦後の日本は、いまだに同じような改革論が論じられ、すべての議論が右に左に揺れ続けています。どうして、この国の「右往左往」は止まらないのでしょう。

大きな理由の一つに、日本特有の「やさしさ」があります。いってみれば、八方美人的なやさしさです。「あちらを立てればこちらが立たず」というのが、あらゆる関係における宿命ですが、日本では個人も政府も、「あちらもこちらも立て」ようとします。

実際はあちらもこちらも立てるわけにはいかず、すべての国を友として等距離につきあうのは不可能です。そういう意味で、「日本にとっての敵」をはっきりさせることが当面の日本の課題といえるのです。

地震をはじめとする天災に対する場合には、とくに日本の「やさしさ」が遺憾《いかん》なく発揮されます。毎年報道される阪神・淡路大震災特集でも、各報道機関は被災者の「悲しみ」により多くの時間を割きます。

こうした報道が悪いとはいいませんが、もっと多くの時間を割くべきは、今後の防災をどうするかという点です。地震という「敵」に備えることが優先されてしかるべきです。

これに対し、つねに大陸という「敵」の脅威にさらされている台湾は、日本の数倍ものエネルギーを持つ震災に襲われても、死者は日本よりはるかに少なくてすみました。目前の敵をつねに意識しているために、己の強さや弱さとふだんから向き合っているからです。

「ことさら敵をつくる必要はない」という議論もあるかもしれませんが、つくりたくなくても、敵は間違いなくいるのです。

「敵」というのがどうしてもいやだ、というのなら、「他者」といってもよいかもしれませんが、それでは「無視すればよい」となりかねません。私がここで「敵」を知ることの大事さをことさら強調するのは、それに備えることを含めて、敵との対比で自分自身をよりよく知ることができるからです。

敵を知ることは、そのまま自分を知ることにつながります。敵をはっきり意識することで、自分の弱さや欠けているもの、強い部分や優れていることもはっきりしてきます。

「和」と「やさしさ」の国だから敵をつくらないのではなく、「和」と「やさしさ」の国だからこそ、「敵」を知ってその脅威から、その美点を守ることを考えなければならないのです。

脅威やリスクを見て見ぬふりをし、対立を避け、誰とでも仲よくしようとするのは、行きつくところ、「滅びの哲学」にほかなりません。

対立や緊張関係を恐れないで、相手を見据えることによって、自分の長所・短所、真実の姿がより鮮明にわかってくるのは、個人や企業においても同じでしょう。

考え方
03

「宙ぶらりん」に耐えること

考えるポイント　人は答えが出ないことに耐えられず、早まって誤った判断を下すことが多い。正しい判断のためには、しばらく答えが出ない「宙ぶらりん」の状態に耐える習慣づけが必要である。

イギリスに、軍事評論家であり軍事史研究家、そして戦略思想家でもあるリデル・ハートという人がいました。彼は、「間接的アプローチ」という戦略理論を唱え、イギリス的思考の説明を明確に行っていますが、彼の語った次のような言葉があります。

「ものごとがいずれにも決しない状態に耐えるのはとてもつらいことである。そのつらさに耐えかねて〝死に至る道〟(後先考えずに飛び込んでしまう衝動的な行動)に逃げ道を求めようとするものは昔から国家にも個人にもあった。しかし、このつらい『宙ぶらりん』の状態に耐えることこそ、可能性の明確ではない勝利の幻想を追い求め、国家を灰燼《かいじん》に帰せしめるよりは、はるかに優れた選択なのだと銘記すべきである」

これは、イギリス的な行動様式が、行動するものに課する心理的、精神的条件の厳しさを端的に表しているといえそうです。言い換えれば、強烈な自己抑制と、非常に細心な外界への注意の持続が課されているわけです。

歴史学者・会田雄次氏の『アーロン収容所』には、氏が初めて接したイギリス兵の尊大傲慢《ごうまん》さに驚くくだりがあります。しかし一方で、彼らの孤独に見える姿を見て、そこに一種の崇高さを感じたともいっています。おそらく、「自分自身」をしっかりつかまえておくために、心理の乱れと闘おうとする力が、こうした形で出たのでしょう。

「心の平衡」を保つことができていれば、人は「宙ぶらりん」の状態にあっても、自らを「確実なもの」ととらえることができます。

こうした原則は、個人でも国家でも同じように通用するでしょう。

二〇〇七年の参議院議員選挙で、自民党は大敗を喫しました。年金問題や閣僚の不祥事など、政府の失態続きに、国民の怒りが集中したからだといわれています。同時にそれは、「どうするの?」「どうしてくれるんだ?」というような、結論を急いだ国民の焦りの結果だったともいえるでしょう。国民は「宙ぶらりん」の状態に耐えることができなかったのです。

十六歳の孫が祖父を殺害するという事件も起きました。医者になることを期待されていた孫が、その重圧に耐えかねての犯行だったようです。彼の両親が医者だったことから、同じ道を歩んでほしいという祖父の望みが、孫に勉強を強要する結果になったといいます。これ以前にも、やはり医者の父親に勉強を強要され、暴力まで振るわれていた息子が、家に放火して、母親と幼い弟妹を死亡させたという事件がありました。開業医の場合、多額の設備投資もしていますし、社会的な地位も高いという意識もあるのでしょう。子どもに後を継いでもらいたいという気持ちはわからないではありません。

しかし、子どもの将来を、性急に決めてしまっていいはずがありません。道に迷い悩み、あれこれと手を出しながら試行錯誤したあげくに出した結論のほうが、本人にとっていい結果をもたらすであろうことは火を見るよりも明らかです。

そこに至るまでの「宙ぶらりん」の状態に耐えてこそ、たどり着いた結論が確固としたものになるのです。

これらの事件の場合、極端な行動に出てしまった子どもの側にも「宙ぶらりん」に耐えるだけの忍耐力がなかったともいえそうです。家庭でも学校でも、日本ではこういう「修練」の大切さを重視する教育が蔑《ないがし》ろにされているからでしょう。

考え方
04

必ず「言葉」にしてみる

考えるポイント　表したい言葉を探すことは、「考えること」である。「ただ何となく」頭に浮かんだ考えを「ただ何となく」表現しているだけでは、何をどう考えたのかが明確にならない。

考える作業は、物を作る作業や農作業のように、傍《はた》から見てそれとわかる作業ではありません。ですから、ややもすると頭の中で「ただ何となく」考え、「ただ何となく」表現するということにもなりかねません。

これでは考えは前に進まないでしょう。「考える」ということの一番わかりやすい作業化は、「言葉にする」ことなのです。

たとえば、「しゃべる」という作業を思い浮かべてください。最初は、何か頭の中にあるもやもやしたものを言い表したいという欲求が生まれ、そのもやもやにふさわしい言葉を探します。その時点で、そのもやもやしたものが整理され、すでにここで考えるという作業が始まっています。

大脳生理学の分野はよくわかりませんが、しゃべろうとすると、おそらく脳の

「しゃべる」機能と「考える」機能との重なった部分を活性化するのではないかと思います。こうした脳の働きを言葉にすると、「思案する」というのがぴったりではないでしょうか。

あれこれ思案して、自分の考えにどんぴしゃりという言葉を見つけようとすること。それこそが考える作業であるといえます。どんな「すばらしい考え」も「調査結果」も「研究の成果」も、すべては「言葉」という出口を通らなければならないのです。

ただ、頭の中だけの作業では言葉も流れていくものですから、書き留めたり口に出したりする必要が出てきます。

私は学生時代、まず法学部に入ったために、二十歳前後の大事な時期に、民法だの刑法だのというパターン化された言葉ばかりの世界にいました。その上、欧米を中心に外国で長く時間を過ごしたために、外国語の習得に膨大なエネルギーを費やしてしまいました。ですから、自分の日本語の貧弱さを認めざるをえないところがあります。

言葉の貧弱さとは、単に語学力や語彙《ごい》量の問題ではありません。ひと言でいえば、「自分の言葉を持たない」ということです。自分の言葉を持たないということは、自分の考えを持たないということにつながります。言葉が貧弱だと、自分の「考え」も貧弱になっていきます。

こうした「考え方と言葉の関係」を知ってからの私は、日本語に大いに目を向けるようになりました。いわくいいがたい状態を、何とか言葉にしたいと思いました。自分だけが考えていて、ほかの人にはないもの、あるいは、多くの人が感じていながら言葉にしにくかったもの、言葉にしようと思わなかったもの、そこを突いていくことが大事だと思いました。自らのオリジナリティは、「考え」を「言葉」にすることでしか出すことはできないのです。

私に何らかの役割があるとすれば、多くの人が考えていて、うまく言葉に変えることができないでいる概念を言葉にすることではないか。それには、あまりとっぴでない言葉、全体の七割くらいの部分は、人びとと共有できる普通の言葉で表現し、あとの三割に自分の独自性をアピールするものを込めていく。そんな言葉を探すことではないかと思っています。

いまの日本人は、理性的で理知的な高度成長期を過ぎて、時代は「エモーショナル」な気分に憧《あこが》れるようになりました。感性、感情、感覚などを大事にするようになっているのです。たとえば、それを人びとは「和《なご》む」とか「癒《いや》し」とかという言葉で表現したりします。

私は、こうした言葉から、たとえば会社における個人の位置づけとか、地域とか家族とかの「人間の輪」が希薄になったため、いま多くの人が、自分がどこに属しているのか不安になり、確認したがっているのではないかと考えました。

この気分の底流には、日本にいま必要な「モノよりも心」「進歩から伝統へ」「個人から共同体へ」といった三つの独自のキーワードで表しうる流れがあると思います。

ただし、「共同体」のような漢語では日本人の感性にピンときませんから、できるだけ大和《やまと》言葉に近いものを選べば、「肌身感覚的なもの」「人の絆《きずな》」などという言葉で表現できると思います。

このように、いろいろと言い換えて「考え」に具体的な「言葉」を与える、しかも「自分」の言葉を与えることこそ、「考える」という作業そのものの具体化なのです。

考え方
05
自分なりの「仮説」を立てる

考えるポイント　一つの見方を基準にすると、ほかの考え方が明瞭《めいりょう》に見えてくる。「話せばわかる」的なあいまいさを排して、仮説を立ててみれば、ものごとの検証もできるようになる。

頭の中のもやもやしたものに言葉を与えるのが、「考える」という作業の具体的な姿だといいましたが、その言葉も単語単位でなく、文章の形、それもいわゆる「定言命題」にすることによって、より考えがはっきりしてきます。

「定言命題」とは、「～は～である」とか「～は～でない」といった言い切りの形で一つの考えを言い表すものです。先ほどからいっている頭の中のもやもやも、「～は～である」という形、たとえば「イラク情勢は○○の出方がポイントである」とか「当社の課題は人手不足である」とまずは言い切ってしまうことによって、考えがより明確になるのです。

もちろん、定言命題化するといっても、現実には、多くの問題は「言い切り」で終わるわけにはいかないでしょう。しかしまず大切なことは、あいまいだった考えを、命題化しようとすることによって、ある問題に関して、自分なりの「仮説」を立てるということなのです。

たとえば、身近な新聞やテレビのニュースを見て感じたこと、思ったことを、当てずっぽうでも、間違っていても、とりあえず自分なりの「仮説」として言い表してみます。

日本人は、どうもこの自分の考えというものに臆病《おくびょう》というか、その場の支配的な考えに影響されすぎるようです。それは、戦後「世界一すばらしい」とされてきた日本国憲法の「世界はみな友だち」とか「みんなは一人のために」的な「疑似空間」に、卵の殻のように覆われて、口をつぐまざるをえなくなり、身動きがとれない状態になっていることからも見てとれます。

こんなことをいつまでも続けていると、自分の素直な感じ方を失い、本当の世界が見えなくなってしまいます。多少見えることがあっても、「そういうふうに考える自分のほうがおかしいのではないか」「善意を無視して、後ろ向きな考え方をしているのではないか」「そもそも人間同士は理解できるはずだ」などと、自分の思いに自信が持てないときほど「優等生」的なものに逃げ込もうとするものです。

とくに国際関係になると、「話せばわかるはず」という錯覚にとらわれてしまいます。国内問題では、たとえば永田町の動向に厳しい目を向け、「どうせ選挙目当てだ」「しょせん派閥政治じゃないか」などと厳しい意見を持つ人たちが、どうして世界に目を向けると突然甘くなってしまうのでしょう。

日本人がまずやらなければいけないことは、すべての考え方に安易な「人間愛」の世界を持ち込まないようにし、たとえば一番優等生的なものからもっとも悪く考えたものまで、一つのテーマに最低三つの「仮説」を立ててみることです。

国際社会は、まさにリアリズムの社会です。たとえ独断と偏見であっても、シビアな目を持って、あえて言い切ってみることが大切です。そうすると、たいてい六割方は当たります。

たとえば「アメリカは日本を見捨てようとしている」「アメリカは金正日《キムジョンイル》の核武装を黙認するつもりだ」「イラクのほうが落ち着けば、また北朝鮮に厳しくなる」などと、言い切り形で「仮説」を立てるのです。

そうすることで、刻々と伝わる新たなニュースへの感度が高まります。そして、前に立てた「仮説」を検証します。「自分はあまりにも割り切りすぎた」とか「ここはだいたい合っていた」などといいながら、順次、修正をしていけばいいのです。

こうした作業を何回か重ねていくうちに、それぞれの問題について共通するものが見えてきます。自分の考えが、どういう方向に傾きがちなのかもわかってきます。
それが自分の「考え方」を鍛えることになるのです。

考え方
06
とにかく一度「結論」を出す

考えるポイント　不完全でも自分なりの「答え」を出しておけば、あとで自分の考えをチェックできる。それが正しかったか間違っていたかで、考える力を磨くことができる。

前項で述べたような「仮説」を立てる習慣をつけておくと、何年かやっていくうちに、結論めいたものが見えてくるようになります。私の場合、大学院に通っていたころから、ノートを作り始めて、自分なりの結論を想定する作業をしていました。

きっかけは、「キッシンジャー訪中」というショッキングなニュースが流れたことでした。一九七一年のことですが、当時ニクソン政権の国家安全保障担当大統領補佐官だったキッシンジャーが、日本に何の断りもなく中国を訪問し、周恩来首相と会談したのです。大きなショックを受けた私は、教授や仲間と論争しました。まさか、国交回復まではしないだろうというのが大方の予想でした。

ところが翌年二月に、ニクソン大統領がこれまた電撃的に訪中しました。国交のない国を天下のアメリカ大統領が訪問するというのは、アメリカにとっては大きな譲歩です。

このとき私が出した結論は、「米中同盟まで進めて、ソ連を本格的に包囲しようとするのではないか」ということだったのです。「これだけの譲歩をしているのだから、何か大きなことをやるにちがいない」と考えたわけです。

結果はどうだったか。アメリカは結局、中国と国交正常化に近いところまで行きましたが、同盟を結んでソ連を包囲攻撃するところまでは踏み込みませんでした。いわば、中国とソ連を張り合わせるというところまでにとどめたわけです。

まだ若かったので、ショックのあまり「米中同盟までいく」とか「アメリカはソ連を倒そうとしているのだ」とか極端な結論を出した私でしたが、それは日本という国家も同じでした。

「秘密外交の犠牲者になった」と考えた日本は慌てました。多くの日本人が「日本は孤立するぞ」「アメリカに見捨てられるぞ」と疑心暗鬼にかられてしまったのです。

当時、日本の首相は田中角栄でしたが、こうした世論を受けて彼は一気に走り出し、「日中国交正常化」を実現させました。田中角栄は、いまでは「日中国交回復の立役者」とされていますが、現在の日中のぎくしゃくした関係を見るとき、いささか走りすぎたのではないかと私には思えます。

いずれにしても、とりあえず何らかの結論を出しておくと、自分の感度が走りすぎたり、針が振れすぎたりするきらいがある、というような弱点に気づくことができます。それが自分だけではなく、日本人全体の特性であることにも気づくようになります。

こうした特性に気づくことができれば、次にびっくりするような事態が起きたとき、極端に振れた針を修正して、慎重に結論が出せるようになるでしょう。そうなるために、自分なりに出した結論を何らかの形で発表したり書いたりしておくことです。

そうすれば、あとで「現実にどうなったか」ということと照合して、自分の結論を検証できます。間違えて痛い思いをすればするだけ、それは反省のよい材料になり、正しい結論を導き出せる率も高くなるのです。

私は自分の出した結論をなるべく声高に発表しておくようにしています。外れて「しまった」と思うこともときにはありますが、それが自分を鍛えることにもなるので、勇気を持ってやるようにしています。

考え方
07

最初に得た「直感」を思い返す

考えるポイント 「直感」とは、思考過程を経ないで出た、ものごとの本質であることが多い。考えに迷ったときは、最初に感じたことを思い返すと、思わぬ道が開けることがある。

いままで述べてきた「仮説立て」や「結論出し」という意識的な考える作業のほかに、「無意識的な考える作業」というものもあります。

ひと言でいえば、「直感」を大事にすることです。私は、それを「シグナル・インフォメーションの、インテリジェンスへの転化」として、とても大事なこととらえています。「暗示情報」から「知恵情報」を引き出す作業とでもいえるでしょうか。ものごとを考え始めるときとか、途中で原点に戻ってみたいときなどに、この直感が大きな役割を果たしてくれることがあるのです。

私たち人間は、いつも論理的に行動しているわけではなく、しばしば直感で行動を起こしています。自覚的・論理的な思考経路とは違う、無意識的な脳の働きで、特定の方向へ自分が誘導されるといった感じです。

たとえば、「今朝、会社に行ったら、何だかいつもと雰囲気が違っていた」と思ったとします。気になりつつも「単なる気のせいだろう」と、直感を片隅に追いやってそのまま外出します。ところが、帰ってきたら大問題が発生していて、会社は大騒動になっていた。直感が当たっていたわけです。

そういうときに、一度は追いやってしまった直感の瞬間を思い出してみます。すると、「そういえば、このところ無理な商談が続いていた」とか、「見知らぬ客が何人も会社の周りに来ていた」とか、違和感を覚えた理由が見えてきます。そこで「あれが異常のシグナルだったのだ」ということがわかるわけです。

直感を大切にする習慣をつけておけば、次に同じような違和感を持ったとき、その直感が示す「シグナル・インフォメーション」を「インテリジェンス」に転化させて、対処法を考える手がかりになるはずです。

以前、当時の小泉首相が北朝鮮訪問を発表したとき、私はふと「どんなルートで交渉したのだろう」という思いが頭をよぎりました。新聞には「外務省が動いた」と書かれていたのでひと安心しつつも、「何だか変だな」という違和感を否定できませんでした。

なぜそう感じたのかを考えていたら、あることに気づきました。訪朝を発表する外務省関係者の口が歪み、口ごもっていたのです。それこそ、裏で暗躍した「ミスターX」の存在を示唆するシグナルでした。

「これは相手のシナリオに乗せられたのでは」と思いました。今後非常に危ない交渉になるだろうし、素通りされたアメリカの反発も出てくるだろうと考えたわけです。結果は、私が心配したとおりになりました。

それからしばらくして、アメリカのジェームス・ケリー国務次官補が訪朝し、北朝鮮が核兵器用の濃縮ウランをつくっているという爆弾をぶつけ、北朝鮮は、開き直ってそれを認めました。それで世界の関心が北朝鮮の核開発問題に集中し、日朝国交正常化など瑣末《さまつ》な問題となってしまったのです。

しかし私には、そこに何か「なれ合い」的な雰囲気が感じられました。アメリカは、当時は「北朝鮮が隠れてウラン濃縮をしている」といっていたのに、最近はまた「していないかもしれない」とかいって情報操作をしています。世界の世論を、アメリカ外交の都合で核問題に集中させたり、拡散させたりしようというわけです。

それもこれも、私の直感から発した発見です。

論理的な推論では見えてこない問題の本質、忘れられがちな問題の原点などを思い返すときに、直感に立ち返ることは大いに意味のあることだと思います。

考え方
08

むずかしい話を「やさしく」言い直す

考えるポイント 「むずかしいことをやさしく」言い表そうとすることで、考えは進む。またその単純で簡単な考え方こそが、実際の世の中では役に立ち、考えを人に伝えようとするときにも威力を発揮する。

作家の井上ひさし氏は、色紙に「むずかしいことをやさしく、やさしいことをふかく、ふかいことをゆかいに、ゆかいなことをまじめに」という言葉をよく書くそうです。

これは私がものを考えるときに感じていたことを、じつにみごとに表してくれています。井上氏は作家ですから、ものを書くときの姿勢をいわれたのでしょうが、それはそのまま、ものを考えるときの姿勢としても、重要なことです。

とくに「むずかしいことをやさしく」というのは、ものを考えるうえでとても重要です。井上氏は「やさしいことをふかく」といっていますが、私は「むずかしいことをやさしく」いえた時点で、その考えは深まったと思っています。むずかしいことをむずかしく、あるいはやさしいことをむずかしくいうのは簡単ですが、むずかしいことをやさしくいうには、相当深くそのことを知らなければならないからです。

そういう点では、日本の学問の世界には、本当の意味で知的に優れている人物が少ないといえます。むずかしい話を、むずかしい言葉でしか説明できない人が大半だからです。極端な言い方をすれば、そもそも日本の場合、学者の優れているところは、情報を集める技術だけなのです。

むしろ、実社会でいろいろな経験を積んできた経営者とか、街中で営々と商売をやってきた人などの話に、学べることが多いように感じます。これらの人びとは、結局人間をよく知り、世の中の動きを確かな感性でつかまえているので、じつにわかりやすい言葉で話します。本当の意味での賢さを持っていると思うのです。

司馬遼太郎氏は、『竜馬がゆく』や『坂の上の雲』などで、幕末や維新後の日本に生きた多くの人びとの人間像に迫りつつ、当時の時代の流れを描き出してくれました。

私が見たところ、日本ほど歴史小説の人気が高い国はありません。それは、歴史学者が書く歴史書が、事件中心の記述ばかりでおもしろくないからです。人間あっての歴史なのに、人間が描かれていないのです。

日本とイギリスの大きな違いの一つに、イギリスでは、わかりやすい本を書く学者がもっとも尊敬されるのに比べ、日本ではそういう学者は学者扱いしてもらえなくなりがちなことがあります。たとえば、数々の啓蒙書《けいもう》でベストセラーを出した有名な心理学者は、「学者とはいえない」というそしりを学界や学者仲間から受けたそうです。

学問を社会に還元するということは本来、むずかしい話をわかりやすく一般化することをいうのではないでしょうか。そうでなければ、学者の存在価値はなくなります。学者のいうことよりも、近所に住んでいるお年寄りの話のほうが、ずっとわかりやすくためになる、ということになってしまうのです。

考え方のお手本であってほしい大学の先生や学者の実態が、じつはこうなので、むずかしい説明を聞いて変にわかったつもりにならないでください。そして、自分なりにそれをやさしい言葉に置き換える訓練をしてみてほしいのです。そうすれば、本当にわかっていたのかどうかがわかるでしょう。

すると、本当に奥の深い考えなのか、言葉だけむずかしい「こけおどし」の考えなのかを見分ける目もできてくるはずです。

考え方
09

「行動しながら」考える

考えるポイント　動いてみると、いままで気がつかなかった問題点を発見できることが多い。いかにも考えているように見える「沈思黙考」は、ともすると、「下手の考え休むに似たり」になりやすい。

戦後まもない昭和二十五年に出て、大ベストセラーになった笠信太郎著『ものの見方について』の冒頭に、「イギリス人は歩きながら考える。フランス人は考えた後で走り出す。そしてスペイン人は走ってしまった後で考える」という有名な文章があります。

元国際連盟スペイン代表・マダリアーガが書いた言葉だそうです。

この本は、敗戦日本が今後どうすべきか、先進諸国の「ものの見方」や「考え方」を、それぞれの国の歴史や社会・経済などと結びつけながら比較した名著ですが、その冒頭の「イギリス人は歩きながら考える」には、私としては実感がありま す。

前に、ものを考えるには言葉にすること、それもやさしい言葉で表すことであるといいました。自分の考えをよりわかりやすくまとめようとしていい言葉が見つかれば、さらにいい考えが浮かびます。そういう意味で、考え方を身につけるために「考え」を「言葉」に変える行為は、一種の「行動」といえるでしょう。「歩きながら」ではありませんが、「言葉にしながら」考えているのです。

行動をすることと、じっと座って考え続けることとの大きな違いは、実践を通して戦略を考えるか、ただ純粋に戦略のみを考えるかというところにあります。

実践しながら考えると、実践が新たな発見を生み、それによって人間の考えというものは瞬時に深まります。

大切な判断の基準になるものは、長く考えたからといって正確に出せるものではありません。「沈思黙考」は堂々めぐりの弊害に陥りやすく、まさに「下手の考え休むに似たり」になってしまいがちです。

文字どおり座敷に座って黙って考え続けていれば、おそらく、考える機能はどんどん低下してしまうにちがいありません。

もちろん、哲学や数学など、学問の種類によっては「ひたすら考える」ことで答えを見出すものもあります。知人の数学者は、早朝に研究室に入って、電話を止め、ドアに鍵《かぎ》をかけて密室状態にし、昼食の時間まで数式について考えています。

これは数式という筋道がはっきりしたものを扱っているからであって、一般の庶民とは無関係の世界です。囲碁や将棋の世界と同じようなものといえるかもしれません。

ふつうは「考えること」のほとんどが、自分の立場や人生、さまざまな人間関係や組織がかかわるところでなされます。いわば決まった筋道がないところで考えなければならないのですから、躍動感を伴う行動が必要なのです。

「考えること」というと、必要な能力はもっぱら知性のみと思いがちですが、知性だけでは限界があります。

行動という行為に自分を持っていくと、集中力が高まります。鉄棒をするといい考えが浮かぶという人を知っていますが、彼は本当にいい文章を書き、いい評論をしています。

人間は脳で考えるわけですが、いくら脳の神経細胞が発達していても、血管で血液を送らなければ機能しません。行動するという行為は、脳に血液を送る心臓の働きのようなものかもしれません。

考え方10

「動あれば反動あり」

考えるポイント　一つの動きがあるときは、その「反作用」というべき反動として、逆の動きが必ず起こる。ものごとには必ず裏があるから、逆方向から眺めてみることが必要である。

すでに何らかの緊急な問題が起こっていて、それにどう対処するかが問われている場合があります。ゆっくりと時間をかけてあれこれと考えを試している余裕はありません。

そんなとき、どんな問題が出てきても、まずはこの原則で考えてみようという、汎用性《はんようせい》のある考え方があると助かります。ゆくゆくはもっと突っ込んだ考察が必要だとしても、まずは考える取っ掛かり、とば口、入り口として誰にでも使える原則です。

たとえば、アメリカ映画『チャンス』に出てくる庭師は、すべての問題を植物の育て方になぞらえて発言し、財界の大物や大統領までがその考え方に感心します。考え方というにはレベルの違いがあるかもしれませんが、あの漂泊の画家・山下清は、あらゆるものを兵隊の階級で区分けして、自分なりに整理しようとします。

私もこうした場合、いくつかの方法を使っていますが、その一つに、ニュートンの運動法則である「作用反作用の法則」を応用した「動あれば反動あり」という考え方があります。

ある動きがあれば、必ずその反作用ともいうべき反動として、その動きに反する動きが出てくると考えるのです。この原理を、ものごとを考える際にいつも頭に置いておくだけで、ものの見え方が変わってきます。

政治の動きにしても経済の動きにしても、ある動きが出ているということは、その逆の動きが必ずあるはずだと考えます。「永田町でこんな動きがある」という報道がされれば、その動きに対して政敵がどう出るか、という反動を予想することができます。

日米関係にしても、いくらアメリカが友好的な「動」を起こしても、その裏に「日本の面倒をとことん見てやろう」とは思わないという「反動」があることを忘れてはなりません。どの国でも、最優先させるのは国益なのです。

そういう目で見れば、米朝関係の微妙な変化も見逃すことがなくなります。

たとえば、初めのうち北朝鮮を「テロ国家」と非難していたアメリカが、日本を裏切るような行動を示すと、多くの人が、日本が取り残されるのではないか、という危惧《きぐ》を抱きます。これもまさに「動あれば反動あり」で見れば、慌てなくてすみます。

とくにアングロサクソン系の人にはその性向が強いのですが、相手を潰《つぶ》そうとして抵抗にあうと、すぐその反動として、相手を取り込んでしまおうとする考え方が出てくるのです。「これがダメならあちら」と、反作用的に戦略を変えているだけなので、根本的に気を許しているのではありません。潰す機会を虎視眈々《こしたんたん》とねらっているだけだとわかります。

こうしたものの見方を持っていれば、たとえばアメリカのヒル国務次官補が北朝鮮を訪問したというニュースが流れたとき、アメリカが北朝鮮に気を許したわけではないということがわかります。

いまの日本がやらなければならないことは、冷静に「動あれば反動あり」と考えて、裏にあるものを見極めることです。こうした原理でものごとを見ていけば、国同士が、感情や情緒で仲よくなれるはず、という錯覚からも解放されるはずです。

国と国の関係だけでなく、会社と会社の関係、人間と人間の関係にも、程度の差こそあれ、「動あれば反動あり」の原理は働いているはずです。

考え方
11

「三つのセオリー」を当てはめてみる

考えるポイント 「動あれば反動あり」「慣性の法則」「鹿威し《ししおど》」でものごとを考えると整理しやすい。自分に合った考え方のセオリーを、三つほど用意しておくと、どんな問題にも慌てなくてすむ。

問題を考える取っ掛かりとして、一つの考え方の原理を当てはめる方法をお話ししましたが、それをさらに進めて、当てはめる原理を三つまで増やしてみましょう。

人間は、自らを「万物の霊長」などと称していますが、それは人間が勝手にいっているだけで、じつは人間の知的・精神的営みは欠陥に満ちています。そのため、一つの問題を集中していつまでも考えていることができません。何らかのよりどころがないと、取りとめもない考えやワンパターンの発想が頭の中を堂々めぐりするだけになってしまいがちです。

考える取っ掛かりとしては一つの原理で十分でしたが、こうした欠陥を少しでも取り除き、より問題を考えやすくするには、原理が最低三つは必要になります。

これをかりに「三つのセオリー」と呼ぶことにします。

セオリーとは、一般には「理論」と訳されますが、多くの場合に当てはまるような基本的な「構図」と考えたほうがいいでしょう。ものごとを正確にとらえようとするとき、あらかじめ用意しておいたセオリーを利用すると、より少ないエネルギーでうまくいくことが多いのです。

私が考えるのは、前の項で取り上げた「動あれば反動あり」に加えて、「慣性の法則」と「鹿威し」の三つです。これらを用意しておけば、とりあえずたいていの分野の問題に対応できるでしょう。

たとえば、選挙とか国内政治の派閥争いとかという問題には、前にも述べたように、「動あれば反動あり」というセオリーで、真相が見えてくるはずです。一つの現象を見たときに、必ず逆の動きがあるぞ、という予測ができます。

二つ目のセオリーは「慣性の法則」です。これもニュートンの運動法則の一つで、「静止または、等速直線運動をする物体は、外部から力を受けないかぎり、その状態を変えない」ことをいいます。簡単にいえば、ある質量を持って動き出したら、その質量が大きかろうと小さかろうと、止まることがないということです。

たとえば、何かとてつもなく大きな開発計画があったとしましょう。大きいプロジェクトですから、たくさんの審議会や各省庁も加わってきます。その計画は、動き出したら、そのスケールの大きさのまま止まることがありません。

これを止めようとするならば、その質量の何倍もの力でさえぎらなければなりませんから、よほどの覚悟がないとできない芸当です。前長野県知事が、公約どおりダムの建設を中止しようとして失敗しましたが、おそらくダム建設の「質量」の大きさに、前知事の力や覚悟が及ばなかったということではないでしょうか。

そしてもう一つが「鹿威し」です。「鹿威し」というのは、竹筒に少しずつ水を注ぎ入れていき、水が溜《たま》まったときにその重みで傾いて水がこぼれ、竹筒が元に戻るとき石を打って音が出るようにした装置のことで、もともとは鳥獣を追い払うためのものでした。

これを社会問題に置き換えると、いろいろなものが見えてきます。景気問題、国際情勢、日中関係など、ここ数年、同じような状況や議論が続いています。どれも同じ状況に見えますが、じつは「鹿威し」の竹筒の水のように、しだいに溜まっていきます。

それがあるとき、バランスを崩すほど重くなって、局面の大転換が起きるのです。

バブルの真っ最中、日本中が右肩上がりの好景気に浮かれていました。それが突然崩壊し、その後の「失われた十年」が始まりました。おそらく、竹筒の水が溜まっていることに気づかなかった結果でしょう。まさに、大きく傾いたわけですから、「鹿威し」の原理が起きたといえます。

この原理で世の中を仔細《しさい》に観察し続けていれば、水の量や溜まり具合で「そろそろ来るぞ」というタイミングが見えてきます。現に、バブルに浮かれて、どの銀行も、土地神話を背景に貸し出し競争にあけくれていたとき、「おかしいぞ」と気づいた銀行もありました。

静岡銀行は、そうした銀行の一つです。静岡銀行は、その名をもじって「シブオカ銀行」と揶揄《やゆ》する向きがあったにもかかわらず、貸し出し競争に参加しませんでした。

期せずして「鹿威し」のセオリーで、竹筒の中に水が溜まっていっている状況を察知していたといえるでしょう。

どんな問題を見ても、この「三つのセオリー」に当てはめて吟味すると、いろいろな予測を筋道立ててできるのではないか、と思います。

考え方12

問題を「三つの要素」に分ける

考えるポイント 「固体・液体・気体」「正・反・合」「三大瀑布」「日本三景」などのように、「三」は安定感を与える数字で、ものごとの整理やまとめに向いている。

前項で、考えを深める「三つのセオリー」をご紹介しましたが、ここではさらに「三」にかかわる「ものの見方・考え方」を提案したいと思います。

それは、問題を三つの要素に分けて考える方法です。

まず「固体・液体・気体」に分けて考えてみましょう。固体状態とは、たとえば政治の世界では、自民党の以前の派閥関係などがそれにあたるでしょう。固体と固体とのぶつかりあいですから、単純な物理学で計算できます。それが液状化してくると、堅固さが崩れ、どこに漏れていくのかわからないものも出てきて、「一致団結」の力が弱くなります。

冷戦構造も強い緊張があったときは世界は「固体」状態でしたが、しだいに「液化」して、中国市場の影響などもあって、日米関係も流動化し始めました。これがさらに「気化」して火がついたら、一瞬で壊滅状態となるかもしれません。それはともかく、国際情勢も、この三つの様態で考えると、わかりやすくなります。

私たちの生きているこの現実空間は、「縦・横・高さ」の三次元でできています。その地上にカメラなどの物を立てるときに使う「三脚」は、物を安定的に平面に立てる最少の脚数を示しています。

人間の世界でも、たとえば日本神話の「三種の神器」からキリスト教の「三位一体」、江戸時代の「御三家」「御三卿《きょう》」、書道の「三筆」「三蹟《せき》」、そして「日本三景」「日本三大祭り」「世界三大瀑布」、芸能界でも世界の「三大テナー」「三人娘」など、「三」でまとめられたものはあげればきりがありません。

どうやら「三」には、印象に残りやすく、脳を落ち着かせるといった作用があるようです。この点からも、三つの要素に分けることは、意味のあることなのです。

流動し転変する現実を理解するための方法とされる弁証法も、「正・反・合」の三段階でできています。ある命題に対して、それをまず肯定し（正）、次に内在する矛盾点を見出し、その対立物を探してきて、いったんそれを否定し（反）、その否定を媒介として、より高いものに統合させていく（合）という段階を経て、思考を発展させていく方法です。

考え方も、このように三つの段階を踏むことで、発展性を持つことができ、あらゆる議論に適用できます。

また、行動の基本にあるものが、「知性」「道徳」「感情」の三つであることも不思議な一致点です。この三つのうち、行動を促す最たるものはたしかに「感情」なのですが、感情を直接行動につなぐと、行動が極端なものになってしまいます。

ですから、そこに、「知性」と「道徳」という二つの要素をはさみ込む必要があるのです。

「自分はどう感じるのか」から始まり、そこから「どうなっているのか」と知性を働かせ、さらに「こんなことでいいのか」と道徳心（これを「理性」と置き換えてもいいでしょう）を発揮し、点検・検証しなければいけません。それから行動すれば、まず間違うことはありません。

このほか、考えを整理したり発表したりするときにも、「論点は三つあります」などというと、伝わりやすくなることはよく知られています。

考える手がかりとしての「三」の利用価値は、体験的に多くの人の認めるところだと思います。

考え方 13

「答え」より「考え方」の重要性を知る

考えるポイント 答えだけを早く知ろうとすると、けっして考える力は身につかない。問題に直面したら、まずは出来合いの解答ではなく、考える材料を探して、自分の頭で考える習慣を身につける。

いま、世界は問題の種だらけです。九・一一同時多発テロのような大事件から、さっぱり決着を見ない北朝鮮問題や民族間の小競り合いまで、問題が起こるたびにマスコミは、「これはどうなる」「どうしてこうなる」と結論ばかり聞きたがります。新聞で談話を求められたり、テレビで考えを述べたりするときも、「先生、前置きは短くして、答えだけを端的にお願いします」などと、注文をつけられます。

東西冷戦が終わり、あたかも資本主義や自由世界が勝利して、世界が一つになったかのように報じていたマスコミは、いまだに混乱が続く世界情勢を理解できず、事件が起きるたびに「なぜだ」「どうなる」と聞いてきます。

たしかに、インターネットや交通機関の発達で、国境を超えた情報や人、モノ、カネの移動により、世界は狭くなりました。何が起きてもすぐ地球規模で伝わる

「グローバリゼーション」の波は、国際間の宥和《ゆうわ》を深めると思われていたはずです。

しかし現実は、このグローバリゼーションの時代にあっても、国際紛争が絶えず起こっています。そのたびに「なぜだ」「どうなる」と答えを探すのではなく、いったい本当にグローバリゼーションは「国境を取り去り、世界を一つにする」ものなのか、その「考え方」を見直す必要があるようです。

たとえば、これをもっと大昔の小さな国同士の話にして考えてみましょう。それぞれの国はほかの国とかかわりなく自給自足し、のんびりと暮らしています。ほかのどこにどんな国があるのかも知らず、自分の国が天国です。ところがここに各国を股《また》に掛けて歩く商人が現れて、それぞれの国に他国の情報をいろいろ吹き込んだとします。とたんに、各国は他国が気になり始めます。あちらの国の作物のほうがおいしそうだ、あちらの国のほうが美人が多そうだということになって、もう安閑とはしていられません。

そして国同士の行き来が盛んになり、国境や国家があいまいになるにつれ、お互いが相手についてよく理解するまえに、紛争の種が出てきてしまうのです。

そもそも、相互に理解が深まると紛争・対立はなくなる、ということも現実にはまったく当てはまりません。それだと、同じ国民同士の内戦の頻発はどうなるのでしょう。「優等生的」に聞こえる話は嘘臭《うそくさ》い、という肌身感覚こそ大切にすべきでしょう。

以前、インターネットから火がついた『世界がもし100人の村だったら』という本がありましたが、あまりに大きすぎて考えにくい問題があるとき、規模を大幅にシュリンク（縮小）して考えると、問題が鮮明になってくることがあります。規模は違いますが、いまのグローバリゼーションについても、昔のこの小さな国に起こったようなことを見過ごしていては、その本質がつかめません。サミュエル・ハンチントンの『文明の衝突』を引くまでもなく、グローバリゼーションによって宗教的・文化的な紛争要件が深刻なものになることは、つとに指摘されていたのです。

絶え間なく起こる国内外の問題を考えるときも、もっと身近な家庭や個人の問題を考えるときも、試験問題の答えを求めるように、早く解答を得さえすればいいと思っていると、ものの見方や考え方は育っていきません。

答えを見たり聞いたりするまえに、一瞬でも自分の頭で考える習慣を身につけたいものです。性急に答えだけを求めていると、新たな問題が起きるたびに、答えを聞きに行かなければなりません。「考え方」さえ知っておけば、いちいち人に聞きに行かなくてもすみます。

かりに自分で考えたのに答えが出なくて、結局は人の助けを借りたとしても、自分で考えた分、その答えの理解度は深くなり、その後の応用にも役立っていくのです。

第2章

考えを深める技術

考え方
14

「民意」もあやまつ

考えるポイント 自分を含め、大多数の一般的な意見に流されると判断を誤る。民主主義の基本は「民意」であるが、それを「錦《にしき》の御旗《みはた》」にしたとき、政治は乱れる。自分の頭で考えなくなったとき、後悔することが多くなる。

民主主義では、もちろん主人公は国民ですから、政治にしろ教育にしろ、「民意」つまり民衆の意思・意向を、最大限に尊重しなくてはならないことは自明の理です。

ところがこの「民意」が、すべてに勝る価値であると「錦の御旗」として利用されているとしたらどうでしょう。

いまや政治家だけでなく、マスコミも、学者や評論家までもが「民意を受けた」「民意に沿う」ことばかり強調します。まるで「民意」を振りかざせば、自分の信条や普遍的な理念とか価値観などはどうであっても、そんなことは無視して多くの人を平伏させせられるがごとしです。

しかし、それほどこの「民意」というものは正しいものなのでしょうか。民衆の意思といっても、しょせんは人間の考えることの集積です。メディアなどによって意図的に操作されることもあります。つまり、「民意」といえども間違えることがあるのです。

この「民意もあやまつ」ということを考えに入れない「考え方」は、これまた大きく「あやまつ」恐れがあることを忘れてはいけません。

「衆愚」という言葉があります。平たくいえば「愚かなる大衆」という意味で、古代ギリシャからずっと議論されていることです。「民意が間違ったときにどうするか」。間違った衆愚をどうするかは、民主主義が生まれて以来の根本問題だったのです。

戦後日本は、民主主義について深く考えず、「民意は絶対に間違わない」と信じてきました。これは、形を変えた「絶対主義」です。

政治家は、ときには民意に抗してでも、反対のことを実行しなければなりません。誰かが国民に向かって、「こんな政治はおかしい」と、利害関係を持たない立場から発言することです。もし国民のほうが間違っていると考えたら、国民、大衆に嫌われようが、とことんその主張を貫くことができなければ、政治家としての役目は果たせないのです。

私はこれを「国としての安全装置」と呼んでいます。「民意の暴走」に対し、こうした安全装置がなければ、国が滅んでしまうかもしれません。

古代ローマ帝国の元老院では、ふだんは何もしないのですが、国にとって問題が大きくなったとき、世間のタブーや評価を気にせず、「本質を突く」ことをいう人びとを抱えていました。その人たちは、ほかの議員と違って、わざと選挙で選ばれないようにしていたのです。その意見を良識ある議員や市民が受け止め、一人ひとりが考える。そういう民意の危うさに対する「安全保障」の体制があったのです。

近代のイギリスなどでこの役目を果たしているのが、いわゆる「変わり者学者」です。オックスフォード大学やケンブリッジ大学に実際にいて、「オックスブリッジ・ドン」などと呼ばれています。「ドン」とは昔の神学者、修道士のことです。ふだんは大衆世界とはかかわりがなく、大衆に評判がよかろうが悪かろうが、関係ない人たちなのです。

彼らは、タブーをあえて無視します。世の中とマッチングせず、常識外れのことをいうこともありますが、それがいいのです。「常識」と思われていることや固定観念の中には深刻な間違いもあり、しかもそれを「間違い」と認めない風潮が世の中にはつねにあるからです。

彼らは、民意がどうとか、常識がどうだなどと考えず、周囲の評価も気にせず発言します。ときにはそれが、社会に風穴を開けるような安全弁として働くことがあるのです。

日本でも、江戸時代までは、吉田松陰などの学者がそのような「ドン」を求めて、全国を回っていました。江戸時代の「林大学頭《のかみ》」のように、いわゆる「良識」ある学者のいう公式の学問はしばしば多くのタブーをつくり、リーダーに進言する学者たちを縛ってしまいます。そこで、タブーに縛られない考え方をする人が必要だとして、少数でもそれを確保しておくのが、知恵のある体制や国といえます。

たとえば、赤穂浪士討ち入り事件に際し、徳川綱吉は、官学の権威を持った林家（大学頭）などの公式的・優等生的な賛美助命論ではなく、荻生徂徠《おぎゅうそらい》の私義切腹論を通しました。荻生徂徠は、当時、在野の学者でしたが、幕府はその「良識外」の考えにも耳を傾けたのです。

「変わり者学者＝ドン」を置く政治体制は、古代中国、古代ギリシャ、古代ローマ帝国にもありました。現代のイギリスの貴族制も、貴族が百人いたら一人か二人、異端なことを言い出して世の中を変える人がいます。貴族なら、誰に気兼ねすることなく、堂々とものがいえるからです。その考えがイギリスの貴族制を今日まで支えてきたのです。

こうした体制も考えも、戦後日本にはまったくありません。「民意がすべて」です。

政治家が選挙民の顔色を見るのはしかたないでしょう。しかし、民意にお伺いを立ててばかりで信念がない政治家は、単なる使い走りです。そんな人が国を動かすのは危ういかぎりです。この非常なジレンマをクリアしていくだけの大きな信念や考えを持った政治家を、どうすれば確保できるか、それが現在、日本につきつけられている最大の課題です。

国民は、自分たちマジョリティ（多数派）も間違うことがあるという認識を持って、こうしたあえて栄達を求めない真剣な専門家や政治家の意見にも耳を傾け、自分の頭で謙虚に考えていかなければなりません。それが、古代ギリシャ以来の民主主義の大問題である「衆愚」にブレーキをかけることになるのです。

考え方
15

自分の頭の「ルーツ」を知る

考えるポイント 自分が好きだったものの中に、自分の考え方の原点がある。日本の歴史が否定された時代に、皮肉にも歴史好きの少年だったことが、いまの私の考え方のルーツになっている。

私たちは、結局のところ、生まれ持った自分の頭で考えるわけですから、自分の頭の素地やルーツが、ものの見方や考え方に影響を与えることを知っておく必要があります。それによって、得意分野を伸ばしたり、軌道修正をしたりすることもできます。

私はごく幼少期から、歴史が好きでした。戦国時代の武将の話など、少年向けの歴史の本をむさぼるように読みましたし、親や兄弟が話している歴史の話をじっと聞いたり、お年寄りからよく昔話を聞いていた覚えもあります。

とくに親が歴史を勉強せよといったわけでもなく、親自身が歴史に傾倒していたわけでもないので、ふつうに会話の中に出てきた歴史の話に、私が敏感に反応し、人並み以上の興味を持ったのだと思います。

小学校二、三年生のころには、色刷りの絵入りの歴史物語の本を、友だちと取り合うようにして読んだ覚えもあります。古墳時代から始まる人びとの服装の変遷だとか、狩猟採集民族だった日本人がなぜ水田を作るようになったのかとか、そういうことを知るのが新鮮でした。そして、「なぜこうなったのか」という疑問が、さらにもっと歴史への興味をかき立てました。

ところが、私が中学に入ったころの、昭和三十年代の日本の義務教育は、受験戦争と日教組教育が中心でした。ときは高度成長期、大学は工学部に進学して新幹線の設計などをするのがエリートであり、子どもたちの憧れだった時代です。社会風潮は理科系偏重で、理系でなければ将来がないというような時代でした。

元京都大学名誉教授・井上清先生の『日本の歴史』や、レオ・ヒューバーマンの『アメリカ人民の歴史』などが当時の学生の必読書でした。高校の歴史の先生は、「君たちがいままで読んできた歴史の本は、みんなデタラメだ。もっと科学的な歴史の本を読みなさい」といって、こうした本を勧めたほどです。いま思うと、きっとマルクス主義の先生だったのでしょう。そのおかげで、友だちと貸し合ったりしながら、高校時代には、マルクス主義の書籍、文献はひと通り読破していました。

ところが、それらの歴史書を読んでみても、どうも私にはおもしろくないのです。

「歴史はこんなものじゃない」という感覚があったことを強烈に覚えています。

たしかに、知識はつきました。いわゆる「唯物史観」というものの考え方や、日本のあの戦争に対する学者たちの考え方はわかりました。太平洋戦争は日本の侵略戦争であったなど、東京裁判史観にも多大な影響を受けました。

テレビでも、大人たちはみな一様に同じことをいっているし、当時はそれしか考え方の糸口がなかったといえます。日教組教育で、歴史教育は完全に戦後史学の洪水の中に放り込まれていたわけです。それでも当時の私はまだ、幼いころに読んだ武田信玄やウィンストン・チャーチルの伝記のほうに興味がありました。

いま考えると、私は歴史好きの文科系であると、完全に知的構造がはっきりしていたわけです。しかし、時代や学校の風潮は、工学部か理学部に進学するのが最高とされていました。

大学は電子工学科が花形で、ノーベル賞をもらえるくらいの科学技術の最先端をめざせということになります。京都大学理学部に行けば、ノーベル物理学賞受賞の湯川秀樹博士が現役の教授でいた時代です。「数学・物理のできない奴《やつ》は人間でない」という風潮に動かされて、私も「理系に行かなければ」と思ったほどでした。

ただ、私は数学が大の苦手で、いまだに夜中、「明日、数学の試験があるのに何もやっていない！」と焦る夢を見ることがあるくらい、数学・物理には悩まされました。当時の高校三年間は、非常に苦痛だったのを覚えています。

昭和三十年代後半になると、日本では、もはや占領軍の指令があったわけでもないのに、私が子どものころに読んでいた歴史書や伝記などを書店に買い求めに行っても、徐々になくなっていました。

それでも、私は歴史が好きでした。日本の歴史をはじめ各国の歴史をひもとき、歴史の目でものごとを考えると、一番しっくりくることに気づいたのです。

そして、歴史の視点を持つことで、メディアや大衆の考えに惑わされることなく、歴史的事実を踏まえながら自分が考察して「こうだろう」という予測を立てたいと思いました。いまにつながるそんな考え方のルーツが、私の場合、歴史だったのです。

誰にでも、種類は違っても、こうした考え方のルーツや遍歴があると思います。それを意識し直すことも、自分の考え方を深める大きなきっかけになるはずです。

考え方16

どんな情報も「歴史」に還元する

考えるポイント　一つの時代しか見えていないと、考えの妥当性がわからない。歴史はつねに「繰り返される」から、過去に学ぶ、歴史に学ぶことが、ものごとの真偽を判断するのに役立つ。

私が大学時代の恩師・高坂正堯先生（元京都大学教授・国際政治学）に初めて会ったのは、大学院に進学してすぐのころでした。忘れられないのは、先生が私たち法学部の学生に、「君たち、歴史の勉強をしなさいよ」と繰り返しいっていたことです。

当時の法学部の先生たちは、戦後のアメリカの影響が色濃く残り、ためらいながら左翼的法律学を教えていた時代で、学園紛争も起こり、混沌《こんとん》とした時期でした。

大学院を終えるため、歴史に対する気持ちを抑えながら、「社会科学」の一分野として国際政治などを勉強していましたから、「歴史を勉強しなさい」という言葉は、まっすぐに私の心に響きました。

「この先生のところなら、飯が食えなくても歴史は勉強できるかもしれない」と、思ったものでした。

その後、イギリスのケンブリッジ大学に留学しましたが、ここで国際政治学らしきことを教えていたのはたった一人、のちに私を助手にしてくれた歴史学者のハリー・ヒンズリー先生でした。日本ではあまり知られていませんが、「サー（Sir）」の称号をもらっているほど偉い学者で、何よりも人間的にじつにすばらしい先生でした。

ヒンズリー先生は開口一番、「国際政治学などという学問はありません。そんなのはアメリカ人がいっていることです」「君がいままで勉強してきたことは、国際政治を理解するためには何の役にも立たない」とおっしゃいました。

そして、「歴史に還元しないと何事も本当の知識にはならない」と、ここでもまた歴史が重要なファクターとなって出てきました。

「いろいろと理屈をこねる人は多いけれど、人間の世の中に関する学問は、すべて歴史に還元できる。歴史から考えることが大事なのだ」ということを、その後、数年にわたって私は教えられたのです。

高坂先生からいわれた「歴史の勉強をしなさいよ」という言葉とともに、ヒンズリー先生の「歴史から考える」という言葉は、その後の私の考え方の支えになりました。

まさに世の中の出来事は、本質的には、同じことが繰り返されているからです。

考え方
17

問題の「外に」出てみる

考えるポイント　何か問題を考えるとき、自分の立場に立って考えてばかりいては、新しい視点も生まれない。問題の中から一歩出て、客観的に問題を見ることで、さまざまな視点からの考え方が生まれてくる。

私は大学卒業後、通算すると約六年間のイギリス留学中に、意外にも、日本では探せなかった日本の古い書物や文献をたくさん、自由に読むことができました。

終戦直後、占領軍は、「これは日本人に読ませてはならない」と思った本を全国の書店や図書館から奪い、日本人の「軍国主義的精神」を煽《あお》るものとしてすべて没収し、「燃やしてしまった」といわれていました。これが、占領軍GHQによる「焚書《ふんしょ》」といわれる出来事です。

しかし、実際には本は燃やされず、どこか倉庫にでも入れておかれたのでしょう。その情報を得たイギリスの将校が、それらを祖国イギリスに持ち帰りました。

そのおかげで、私は留学先のイギリスで、明治・大正・昭和戦前期に出た膨大な量の日本の書物に出合うことができたのです。『古事記』『日本書紀』『源氏物語』

など、叢書《そうしょ》になっているものや、『神皇正統記』など、当時の日本では「読んではいけない」と教育されていた本もたくさんありました。占領軍に没収されて、日本から姿を消していた日本の貴重な文献・書籍を、私は幸いにもイギリスで読みあさることができたわけです。

図書館に行くと、ワクワクしながら、朝から夕方まで、日本語の書庫を歩き回っていたこともありました。本来は、論文のテーマである「イギリス外交史」について調べるべきところ、下手の横好きがいっぺんに高じて、江戸時代の武士道について書かれた本や皇室の祭祀《さいし》の本を、『源氏物語』などといっしょに、自分の興味にまかせて読みあさりました。

戦前の日本人が書いた書物を読むと、日本の歴史に何も後ろ暗いところなどなかった、と思うこともしばしばでした。私は、イギリスで日本の書物をたくさん読んだことで、歴史観が完全に変わりました。

また、私は奨学金が三年で切れたあと、恩師ヒンズリー先生の助手にしてもらったのですが、そのときの仕事の一つに、段ボール箱の資料整理がありました。ヒンズリー先生夫妻の仲人はリデル・ハート氏といって、著名な歴史学者なのですが、ちょうどそのハート氏が亡くなり、彼が残した資料の整理を手伝ったことがあったのです。

ハート氏は、太平洋戦争に関する日本語の資料を山のように集めていました。その資料をもとに研究論文を書こうとしていたらしいのですが、その前に亡くなってしまったのです。

その資料の中に、非常に興味深いものがありました。当時の日本の指導部をイギリス人がどう見ていたかという英語の資料です。

そこには「日本人は単純な民族で、外から刺激してやれば予想どおりの反応をする」「軍事力はすばらしいが、情報戦略などのソフトウエアはまるでダメである」「戦争の経験が乏しいため、非常に教科書的に反応する」などと書かれていました。

当時のイギリス人は、日本人の先の行動を読んでいたことがうかがえます。しかも、その「日本人研究レポート」は、戦時中に、イギリス軍部はもちろん、アメリカ軍部にもレクチャーされていたというのです。

この時期は、私にとって大変大きな意味を持っています。この貴重な資料を整理しながら私は、外交や国際政治、対外戦略というのはソフトウエアが勝負で、ハードウエアは二の次だと学びました。日本人はどうもハードや組織にこだわりますが、そんなものは「亡国の哲学」だということが、このころ骨身に染みてわかったのです。

その感覚が、いまの私の考え方の根っこになっています。

イギリスで外交の勉強をしながら、日本の歴史や思想についても考えを深めていく。海外から見た「日本」についても、文献や人びとから学んでいく。とくに、かつて「敵」として日本を見た人びとの視点が、いかに深いものだったか。そしてその視点を学んでいくと、逆にイギリス人のものの見方が手に取るようにわかる。自国では当たり前だと思われていることが、世界の中ではどう見られているか、じつは歴史的に見ると当たり前どころか、ごく短期的にだけ当てはまる特殊なものではないかと疑ってみる。日本人による日本の見方だけでなく、さまざまな立場から日本を読み解いていく。

人が自分を見ている視線を知ることは、二倍の収穫をもたらしてくれます。こうした考え方は、どんなことをするにしても、自分の成長にとって、とても必要な姿勢ではないかと思うのです。

何か問題を考えるとき、自分の立場に立って考えてばかりいては、新しい視点も考えも生まれてきません。違う立場の人の意見を読んだり聞いたりし、一見その問題と関係ないと思われる分野の勉強もしてみる。当面の問題の中からあえて一歩出て、外に立って大局的にもう一度問題を見てみる。そうすると、必ず大きな収穫があります。世の中の出来事は、縦横無尽につながっているからです。

そうすることで、自分が直面している問題を客観視することができ、さまざまな視点からのクリエイティブな考え方が生まれてくるのです。

考え方
18

「よき異端」をめざす

考えるポイント　ものの「考え方」には、「よき異端の哲学」が大事である。あえて異端の考えを取り入れることで、考えに深みが出る。逆に、自分の考えが「主流」に近いだけで正しいという錯覚に陥らないよう、つねに反芻《はんすう》すること。

今日、若い研究者たちを見ていると、私が三十代のときに紆余《うよ》曲折しながら歩んだ道をストレートに進めて、一見ハッピーだなと思います。しかし、そこに「落とし穴」もある、と思います。

私は、若いころからつねに自分の考えは「異端」なのではないかと思っていました。自分の直感で歴史から見た政治学を研究していましたが、そしてそれを学ぶ場としてイギリスを選んだのですが、当時の日本の学者社会ではそれは認められず、異端児扱いでした。

ただ、それが私にいつも「自分の考えは本当に正しいのだろうか？」という不安を持たせ、だからこそ、つねに自分の考えを反芻し、検証する癖がついたと思うのです。

これは「異端の哲学」とでもいうべきもので、研究者だけではなく、誰でも独り立ちしてものごとを考えるにあたって、とても大切なことではないかと思います。ものごとは何でも、それが主流だと思った瞬間に、その考えにとらわれてしまい、深みがなくなります。いつも「異端の哲学」を持って、これは本当に正しいのか、ほかの考えはどうなのか、を検討することで、考え方に広がりと深みが出ると思うのです。

ベルリンの壁が崩壊したとき、激変する世界をリードしていた主流の考えは、アメリカ帰りの研究者たちが説いていた次のような議論でした。

これからは、まさにグローバリズムの世界ができあがり、世界が一つになる。アメリカニズム的価値観が共産圏にも及び、ロシアも欧米のような新しい社会になる。市場経済はアメリカ的な一つのパターンに収斂《しゅうれん》する——。

しかし、現代を見ると、その考えは合わなくなっています。そのような議論をしていた研究者たちは、当時は主流として脚光を浴びていたのに、いまは表舞台から姿を消しています。

彼らの考えは、言うなれば「秀才の学問」でした。〝指導教官〟の教えに素直に従い、当時の受けがいいものを、ごくまじめに研究してきただけなのです。そもそも「優等生的」と見えるものは何でも、十分に注意したほうがよいのです。それでは激変する世の中を読み解けず、遅かれ早かれつじつまが合わなくなってしまうからです。

何度もいうように、彼らのいうグローバリズムは夢の世界だったわけであり、じつはグローバル化によって世界は一つになるのではなく、国ごとの行き違いが露《あらわ》になってくるのが、グローバル化の真の姿です。

それは、歴史を研究すれば明らかなのです。フランス革命のときも、十七世紀の三十年戦争のときも、同じ議論がされています。

アメリカでは、独立戦争のときと南北戦争のときとでは、まったく違う議論をしています。そのときどきには「理想」として間違った議論でなかったものでも、現実にはそうならないことがあるということを、歴史が物語っているのです。

「現代を論ずるのだから、歴史は必要ない」のではなく、「現代を論ずるためにこそ、きちんとした歴史的考証が必要」なのです。

欧米人の議論を聞くときは、欧米文明は「魂の世界の使命感（ミッション）」と「俗世の世界はゲーム感覚」という二重性を持っている、ということを理解していなくてはなりません。

私はこの欧米精神の二重構造を、留学時代に強く感じました。現地の社会に入ってアルバイトをしたり、いろいろな人とつきあうことで、「欧米人は、自分では絶対実現しないとわかっていながら、口では理想論をいうのだ」ということがわかってきたのです。

彼らは、つねに理念を唱えなくてはならない社会で生きています。そうしないと、自分の魂は「救われない」という、強迫観念があるからです。実現不可能とわかっていても、一生懸命理想を語ることが、自分の魂の証明になります。それを聞く人も、「半ば嘘だ」とわかっていながら受け入れ、文字化したり情報として流したりします。

他方、欧米人にとって、現実の社会を生きるということは、ゲームをプレイするように考えている面があります。社会での生き様と、魂の生き様とを峻《しゅん》別《べつ》しているのです。ゲームは徹底的に容赦なくやりますが、ゲーム以外に、別の面で良心をかけてやることを持っているからです。

ビル・ゲイツもジョージ・ソロスも、ビジネスは容赦なくやる一方で、熱心に社会奉仕や慈善活動をしています。それは見せかけの行動ではありません。彼らは「魂のミッション」として社会奉仕をしているのです。

このように見てくると、いまの日本には、何も知らずに「あてがい扶持《ぶち》」で情報を受け取ってしまっている人が、危ういほど多いように思います。何ものにもとらわれない考え方はまさに、主流でない寄り道、それも世をすねた「異端」ではなく、前向きな「よき異端」の道をあえて歩くことによって得られる面が多いことを覚えておいてほしいのです。

考え方
19

おもしろいと「感じる」ほうを選ぶ

考えるポイント

さまざまな紆余曲折はあっても、とらわれのない本来の自分の感性はつねに正しい判断を下せるものだ。だからこそ、周りのものにとらわれず、自分自身を見つめる「目」を大切にしなければならない。

人生は、さまざまな場面で、選択の連続です。しかし、自信を持って「こっちの道だ」と決められることのほうが少ないのではないでしょうか。

「迷ったとき、どちらの道を選べばいいか」というのは、誰もが持つ悩みだと思います。損か得かで考える人もいるでしょうし、自分への周りの評価で考える人もいるでしょう。良心に従って、道義的によいと思われるほうをとる人もいるでしょう。

私は、はっきりこう思っています。

「迷ったら、自分がおもしろいと感じるほうを選ぶ」

ここで重要なのは、「おもしろい」ではなく、「感じる」という部分です。理屈や条件をもとに「おもしろい」と推測されるものを選ぶのではなく、自分の感性に従うということです。

とくに日本人は、感性に優れた国民です。精神の世界と物質の世界の両方がなければ生きていけないのが人間ですが、日本人は暗黙のうちにそれを仕分けして、何となく混ぜ合わせながら生きています。

かたや欧米人は、精神の世界と物質の世界をきっぱり仕分けしています。彼らは、物質的にレンガを一つひとつ積み上げて家をつくるがごとく、「この前提はここ。これはここ」と、一つひとつ分担と役割を決め、仕分けをはっきりして進まないと、その上に家を建てられない、つまり、考えが構築できないと思っているのです。

ですから、こうした欧米式のやり方では、どこかで間違いを起こしても、全部が崩れてしまうことはありませんが、日本式は、ちょっとしたボタンの掛け違いで一気に崩れることもあります。しかし、私はそれでいいと思っています。レンガで家をつくってしまうと、丈夫で部分的に取り換えもできますが、なかなか従来からの基礎は崩すことができません。いま、ロシアや東欧がうまくいかないのは、従来の思考から逃れられないからです。中東も同じです。

石積み構造の知性ですから、基礎になっているものが崩れると、大きな喪失感で、もういっさい行動ができなくなってしまいます。イスラム教をある程度崩さないと近代化できないとわかっていても、それを崩すことなどとうていできません。イスラム教で西欧に対抗するしかないのです。これは、思考構造が十字軍時代の世界と変わっていないことを意味します。それは、キリスト教世界も同じでしょう。

逆に、中国が経済面で政治体制上、メチャクチャなことをしても、当面はとにかく何とかなっているのは、東洋型思考の強みといえるでしょう。日本は、西欧的思考に染まりきっていない点では中国と同じですが、中国よりもさらに独自の「暗黙知」があります。せっかく何千年と培われてきたこの日本的な「暗黙知」を、今後もっと生かしていく方法を考えなくてはなりません。

道や考えが二つに引き裂かれて、どっちに行くべきか迷ったとき、振り返ると私は、自分の心が躍動するのはどちらか、という観点で決めてきました。ワクワクするほう、自分がおもしろいと「感じる」ほうを選んできたのです。つまり、「考える」ためには、まず「感じる」ということだ、と思ったわけです。それは「自分の感性は大事にしなくてはいけない」と固守してきたのではなく、何となく心に引っかかるものを大事にしてきたということです。

「おもしろく感じる」ほうを選ぶと、目先の効率は悪いし、苦労も多く、紆余曲折の道を歩むこともあるかもしれません。しかし、私の体験からいうと、どんなに苦労しても、自分の感性に従って選んだ道は、貧乏にも耐えられるし、不遇の時代にも何とか耐えられました。しかも、「いまはこうだけれども、きっと将来はこうなるはずだ」と、ものごとを長期的に考えることができます。これこそ、最大の収穫でした。

学者の世界では、よく「優れた学者になるには、禁欲的であれ」と口が酸っぱくなるほどいわれます。ここで「禁欲的」というのは、自分の専門分野を広げずに、堅実に業績を積み上げよということです。一般的にはそのとおりだと思いますが、それでは学界には貢献しても、もっと広い世界にとってはどうなのか。とくに、私がやってきた国際関係や歴史の分野では、戦後日本の学問体系が根本から歪んでいたので、そこでは禁欲的になど、なりようもなかったのです。日本のためにも、あえて「はみ出す」人が必要でしたし、いまも必要だと思っています。

人間が持っている感性の構造は、一人ひとり違います。誰かがこうしたとか、世の中の流れはこうだとかいうことよりも、自分自身への「目」というものを大切にしなければなりません。とくに二十一世紀の世界では、そうならざるをえないのです。

ものを見るときに、自分なりに、自分の「内側」と、つまり自分の感性とつながるものの見方をすることができれば、「あの人がいっているから」とか、「これは権威のある議論だから」という見方に左右されることもなくなってきます。

自分の肌身で感じた感覚でものをいえば、保証してくれるのは自分しかいません。これは、ある意味では責任の問われることであり、またある意味では不安なものです。「間違っていたかな」と、絶えず自己検証と反芻を繰り返すことになります。好きなもの、おもしろいと思ったものを選んだからこそ、自分の選んだ道をつねに反芻し、検証していく。それによって考えは深まり、より確かなものになっていくのです。

考え方 20

「逆説」を愛する心を持つ

考えるポイント 一見無秩序で不可解な世界に立ち向かってこそ、考える力は養われる。「逆説（パラドックス）」に愛を持ってつきあうと、必ず深い真理に行きつく。

私がイギリスに留学しようと思い立ったそもそもの出発点は、当時の日本への疑問でした。「なぜ日本は、あんな愚かな戦争をしたのだろう」「なぜ戦後の日本は外交が下手くそで、世界の中でいまだに損な役回りをさせられているのだろう」という単純な思いがあったのです。

外交や国家戦略論を専門とする私は、世界の諸国はどうなのかを考えたとき、優れた戦略性を持つ国、イギリスに行って「パックス・ブリタニカの時代のイギリスはどうだったのか」を学べばいろいろと見えてくるのではないかと思いました。

イギリスに行ってわかったのは、やはりイギリスには、外交面で日本人の思考をはるかに超える戦略性があることでした。真珠湾攻撃の十年以上も前から、アメリカもイギリスも、着々と日本包囲網をつくっていたのです。

どうにもならなくなった日本は、満州事変を起こし、自ら戦争への道を歩まざるをえなくなってしまったということも、だんだんわかってきました。

勉強すればするほど、「イギリスは恐ろしい国だ」と思いました。

そういうイギリスのような戦略国家と対抗するにはどうすればいいか。それを考えるには、この国家を動かす要人が一生懸命になっているものを知ればいいはずです。

彼らは、核兵器やインテリジェンス（諜報《ちょうほう》）を一生懸命に研究していました。そこからして日本とは、まったく違うわけです。

さらにイギリスだけでなく、一般に欧米の大国というものは、「地の果てまでも占領していこう」という思いを心の底につねに抱いていることが見えてきました。そのドライブ（衝動）の強さは何なのかという疑問から、「西洋文明とは何か」「キリスト教とは何か」ということにまで、考えは広がりました。そして行き着いたのが、キリスト教と絶対的正義感が、戦略的効率の世界といったいどう結びついているのか、ということでした。

「ほかの国はどうなのか」という疑問から、「世界はどうなっているのか」「人間というのはどういうふうな精神でもって歴史を動かしていくものなのか」ということまで、ただ知りたいという欲求だけでずっと勉強してきたのです。そうなるともう、戦後日本の教育がつくり出した知的風土からは、完全に離脱していました。

逆にいうと、私は大きな無駄もしているし、回り道に見えることもしてきたし、学者としては効率も悪く、学界からこぞって評価される名誉ある業績とは縁遠かったと思います。しかし、一見効率の悪い生き方が、最終的には、また大きな目で見た場合には、かえって効率がいいことがあります。

私の持論ですが、国際政治の真髄とは、「早く見つけて遅く行動し、非常に頑強に主張し続けながら一瞬にして妥協する」ことだと思いますが、これは外交に限らず、すべて世の中はそういうパラドックスでできています。

日本の国民性は、七九七年に成立した『続日本紀《しょくにほんぎ》』に書かれた「明《あかい》・浄《きよい》・正《ただしい》・直《なおい》」という言葉に表れていると思います。白無垢のように何もない「素直さ」と「単純さ」をあえて重んじているのですが、日本人ならこれが、赤ん坊と同じ人間最高の境地だということを納得するはずです。

いったん物心ついたあとは、簡単には真っ白で素直な心になどなれません。再びそこに行き着くまでに、いろいろな精神の鍛錬、思考様式の成熟などが求められます。その過程で、一筋縄ではいかない世界の矛盾、あるいは自分の人生でも艱難《かんなん》辛苦にぶつかります。そのときに、より大きな目を持つためには、パラドックス、つまり「あるがままの矛盾」を愛することです。

パラドックスもよく見ると味わいがあるじゃないか、おもしろいぞと思うと、深い真理がそこにあると感じられる。あるいは、「人生は皮肉だ」と思ったときの、より深い真実を見た喜び。そういうものを愛することです。

一つの考えを導き出すにも、パラドックスをいい加減なところで妥協させてしまわず、とことん突き詰める。より深い考えに達するには、ある種の「粘着性」がいるのです。

ただ、この「粘着性」は、いつまでもこだわり続ける後ろ向きのものであってはなりません。粘着性とは、言い換えると、「愛する」ことなのです。

真理の核心、この世の本質は、パラドックスだと思います。そういう逆説の世界を愛する心を持たないと、一見無秩序で、どうなっているかわからないこの世界は、まったく読み解けません。互いに矛盾するもの、パラドックスを愛せ——。これが、ものごとを深く考えるときの大切な心得の一つです。

考え方
21

「迷い」は将来への投資ととらえる

考えるポイント　人間は、つねに相反する二つのものを持ち、自分に問いかけていくべき存在だ。その中で悩み、惑い、試行錯誤することこそ、考えを広げ、深める訓練の場になる。

会議などではっきり意見をいわず、そのときどきに合わせた調子のいい議論をする人がいます。それは、きっとその人の内側から出た意見ではないし、美学という点でいうと、まったく美しくありません。そんなことを何回もやっていたら、その人に耳を貸す人はいなくなるでしょう。

なぜ人間に美学とモラルが必要かといえば、一つには意外かもしれませんが、最終的に大変効率がいいからです。「効率がいい」というと語弊があるかもしれませんが、より高いところ、より大局から見て、一本筋が通っていると、大きな意味で効率がいいのです。

もちろん、調子に乗ったノリのいい断定主義や、唯我独尊的な道義論に終始すると、それはいずれ人びとにそっぽを向かれ、自分にとっても、そのときどきであちこち迷走する、大変効率の悪い結果を招いてしまいます。

あくまで正しいことをやっていく、考えていくことは、しばしば自己犠牲を強いられたり、禁欲的に何かを我慢したりとマイナスな面ばかりをとらえがちですが、長期的な目で見ればずっと効率がよく、最終的には自分にもプラスになります。

そもそも人間は、自分の中に二つの「相反するもの」を持ち、つねに自分に問いかける部分を持っていないといけません。

たとえば、二つの相反するものがあったとき、どちらかをスパッと切り捨てて、すっきりしていたい——。これは、美学とモラルの上で、美しい日本人が生まれる背景でもあります。

しかし、ものの考え方とか、一つの国や企業の命運がかかっているような状況、また個人でも人生の大きな節目における判断では、つねに「二つのもの」を持っていないといけないと思うのです。行動に移るまでは、絶えず自分に「そうじゃないのでは?」と問いかけるもう一人の自分がいないと、大切なものを全部失ってしまう危険があります。

私の例でいうと、自分が好きな道では食べていかれず、「二足のわらじ」で生活し、好きな道も追い続け、三十代後半まで、ずっと迷いの時期を過ごしてきました。

「好きなものにもっと早く行くべきだったかな」「回り道は無駄だったかな」と思ったこともありましたが、この年になって振り返ると、つねに迷い悩みながら歩んできたことによって、ものの持っている多面性、一面だけではわからない、いろいろな面からの見方に気づいたということがあります。

人間の本性として、相反するものを持っていたら、統一したいと思うものです。一方をスパッと切り捨てれば統一できますが、単に切り捨てたのでは、それは「浅い統一」になります。二つのものを持ったまま、試行錯誤しながらどうにか統一しようともがくとき、人には、両方をつなぐより深いもの、より大きなものを探求する思考や知性が生まれてきます。

人は迷ったり悩んだりすると、「早く迷いを吹っ切ってすっきりしたい」ために、「まあ、いいか、こっちで」という切り捨て方をしてしまいがちです。切り捨ては、日々生きていくうえで、戦術的には手短で効率がいいように見えますが、人生の一番いい部分をわざわざ捨ててしまうようなものです。

そこでもうひと踏ん張りするのです。もう一方にある自分自身をどこまで大切にするか、どこまで意識して持っていられるか。その「もう一つの自分自身」を、つねに意識して磨いていくことで、どんな状況にあっても簡単には切り捨てられない大切なものになっていきます。

迷っている状態というのは、「将来への投資」です。あるときには二つに引き裂かれても、悩んだことは、必ず自分の財産になります。精神の財産になって、蓄積されます。

迷いは、本当の学びであり、自分を豊かにするものです。迷ったときこそ大事なとき。迷ったときこそ収穫のとき。迷えば迷うほど、思考は深まります。

簡単には結論を出さないで、迷いの中に身を浸すと、自然に自己検証しながら「あとはどういうことが考えられるかな」と考えが広がっていきます。

そういう意味で、迷うことは、考えが広がることであり、深まることであり、最終的にもっとも効率のいいことだと、私は思っているのです。

「迷いは将来へのすばらしい投資」だととらえて、迷うことから逃げないようにしてください。

考え方
22

「粘り」と「潔さ」の両面を持つ

考えるポイント 相反する要素を併せ持つことによって、「悩むこと」や「宙ぶらりん」の状態を楽しむ境地が拓《ひら》けてくる。それは、一国の外交も一人の人間の人生も同じである。

私がイギリス留学から帰ってきたとき、「なぜ、自分は日本に受け入れてもらえないのだろうか?」と、世の中を批判的に見ると同時に、なぜ自分はイギリスではあんなにハッピーだったのか、考えるようになりました。

ハッピーといっても、イギリスでの日常生活は、普通にいうハッピーとは程遠いものです。お金はつねにギリギリだったし、人は相手にしてくれないし、とくに行ったばかりのころは、何をしゃべっているのかわからないほど語学のギャップもありました。

たいていは一人で図書館をウロウロしたり、パブでおじさんとしゃべったり、通りすがりの若者と言葉を交わしたり、天気もすぐれず憂鬱《ゆううつ》な国ですから気分も晴れません。

にもかかわらず、なぜ私はハッピーだったか。それを反芻してみると、つねに考えさせられる機会があったからではないかと思うのです。私から見るとおかしな人もいたし、疑問もありましたが、それはそれで、毎日新鮮な発見ができるということでした。

帰国後は、首都圏ではなく田舎《いなか》に戻ったので、刺激もなく、いろいろ自分自身で反芻し考える時間だけがたっぷりあり、社会的に見ると定職もなく、それこそ「宙ぶらりん」の時代でした。

ただ、二つのことは守っていました。一つは、結論がはっきりした人たちばかりが集団でいる世界とは交わらないこと。そのような世界に入ると、集団の考えに縛られてしまい、自分も楽しめないことは経験ずみだったのです。

もう一つは、生活上の妥協をしないこと。留学生活で英語は身についていたので、英語教師とか共同経営者への誘いはありました。また、どこかの教授に取り入ったり、学界に受けのいい論文の一つでも持ち込んだりしていれば、もっと早く大学の職に就けたかもしれませんが、私はその道を選びませんでした。

なぜかというと、自分がイギリスで「これだ！」と確信した感覚を忘れることができなかったからです。

それは、自分なりの学問の方法を考えついたことで、「これで世界は鮮明にわかる！」とまで思いました。ですから、ほかの道へ行ったら自分は楽しくないだろうと感じていたのです。

質素で苦しかったイギリス生活の中で得た「コペルニクス的転回」ともいうべき、あのハッピーな記憶が、ずっと私を突き動かしていたのです。

帰国したとき、私には大学院の博士課程修了という身分しかありませんでした。しかし、人に伝えるメッセージはいっぱい持っているつもりでした。

当時は、中曽根内閣の前の時代で、そのころの日本に、イギリスで学んだことを少しずつ知ってもらいたい、国際政治の中でのイギリスの知恵といわれるものを説明していくだけでも、自分の存在意義はあるだろうと思ったのです。

「もう冷戦は終わる」「歴史から考えて、連合軍の占領政策に由来する戦後体制はもう続かない」「憲法も、現行のものでは続かない」など、当時の私は提言したいことをいっぱい抱えていたのですが、しかしとにかく職がない。何より発表の場がない。そんなギャップに悩みました。

前にも少し述べましたが、外交の本質は、「早く見つけ、遅く行動し、粘り強く主張し、潔く譲歩する」ことです。情報はできるだけ早くキャッチして、検証に時間をかけ、あえて遅く行動するのです。このイギリス流パラドックスに学ぶことは人生でも多いと思います。

さらに、この言葉の後半部分はもっと大事です。交渉するときは、徹底的に「粘り強く」交渉しなくてはなりませんが、妥結の最後の感覚というのをつねに持っていて、そのときは潔く、ぱっと譲歩しなくてはならないということです。

たとえば、強力な相手との交渉で無理やり押し切られそうなとき、先手を打ってこちらから引く「潔い譲歩」は、しばしばその譲歩に見合う十分な見返りをもたらすのです。

頑《かたく》なになることと、きっぱり潔いこと。この矛盾する二つのものを抱えていることができるのは、前に述べたように、矛盾やパラドックスに耐えることができ、かつそれを楽しんでいるからでしょう。

個人の内面的な問題でも、世界の大事でも、せめぎ合う二つの要素を楽しむ境地を拓くことが大切で、それには、「粘り」と「潔さ」を併せ持つことが必要です。

たしかに、個人の人生の場合は、潔いほうがいい場合もありますが、国の存亡にかかわる大事や、政治家、経営者、教育者など人びとの運命にかかわる仕事の場合は、宙ぶらりんに耐え、むしろ迷いを楽しめるぐらいでないといけないと思います。

第3章

間違いを減らす技術

考え方
23

「択一」より「共存」を意識する

考えるポイント　むずかしい問題の核心にはつねに、「物と心」「進歩と伝統」「個人と共同体」といった対立軸が潜み、その軸が一方に傾いたとき危機を招く。どちらかを選ぶより、まず「共存」を考えることである。

人間社会には、古くから「二律背反」ともいえる対立・矛盾する幾組かの価値が存在してきました。ものの見方・考え方からしても、この「対立価値」の扱いは重要なポイントになります。世の中にあるむずかしい問題の大部分には、こちらを立てればあちらが立たず、といった対立する価値が、お互いに譲らずにその存在を主張しているからです。

たとえば、いまの日本という国を見たときに浮かび上がってくる「物と心」「進歩と伝統」「個人と共同体」といった組み合わせを考えるとわかりやすいでしょう。

世の中は、これらのどちらか、とくに物とか進歩、個人といった一方に偏した価値に比重がかかると、その当座は繁栄するように見えますが、いずれ社会に無理が出たり、活力を失ったりして衰退の原因になってしまうのです。

うまくいっている社会では、これら一見対立するかに見える価値が、バランスよく共存しています。つまり、矛盾それ自体が問題なのではなく、矛盾に耐える力があれば、むしろ矛盾は活力の源泉になります。

翻《ひるがえ》っていまの日本を見ると、このバランスが崩れてしまっている現象が至るところに見られます。

その第一は、「物と心のバランス」です。

戦後の日本は、物質的繁栄をめざした「経済一本やり」という路線で突っ走ってきました。それは、世界の文明史上に例のないほどの極端な偏り方です。

しかし、心を置き去りにしたまま頑張ってきて達成した自慢の経済も、中国やインドの台頭によって、その差はどんどん縮まり、追い越される危険性もある昨今です。アメリカなども、軸足をあちらに向け始めています。

イギリスの歴史家トインビーは、「どんな社会、国、文明でも、物質的な価値観と、精神的な価値観のバランスが、どちらに崩れても、いったん崩れてしまうと、その社会の生命力、いわゆる国の活力というものは大きく衰弱していく」といっています。つまり、根本的な活力があるときは、矛盾や緊張に耐えられるのです。言い換えると、「バランスを保つ」ためには、大変な力が必要だということです。

次に、「進歩と伝統のバランス」です。

もちろん、不断に新しい物を求めるということは大切なことです。それは「進取の気性」ですが、一方、自分が前の世代から受け継ぎ、次の世代に受け渡すべきもの、つまり「伝統」にもう一度しっかり目を向けることが、人間が元気を取り戻すもう一つの大きな要因です。国や社会が疲れたときは、伝統に目を向けるようになります。そこに一つの「活力の源泉」があるからです。

先ほどのトインビーのほか、シュペングラーをはじめとするさまざまな文明史学者が、伝統を守ることの大切さを述べています。人間は、自分が受け継いだものを通して、「自分はなぜここにいるのか」ということが考えられるのです。

イギリスには「It is old.」という言葉があり、「それはいい」という意味が込められています。「古い」という言葉が「いい。信用できる。親しめる」という意味で使われているのです。私は「古い」といわれて、もうダメなのだと思っていましたから、これは留学生活最初のカルチャーショックでした。

戦後の日本では、「それは古い」といわれたら、「それは間違っている」というほどの響きを持つようになりました。これも世界の文明史上、本当に珍しいことで、ここまで「進歩主義」で凝り固まった社会というのは、まずほかに見あたりません。

そしていまもっとも大事なことは、「個人と共同体のバランス」です。

戦後の日本では、民主主義とともに個人主義が台頭しました。個人は大切にされなければなりません。しかし、あまりにもそれが前面に出てしまったことで、別のところで失うものが逆に多くなってしまいました。欧米の国々でもとくに大切にしているのが、「人間の絆」や「人間のふれあい」というものです。

自分の行為が人に認められたり、人に喜んでもらえたりするとき、人間は無上の喜びを覚えます。それは、人間が「集団の動物」、つまり共同体の一員として生きている存在だという何よりの証です。

一番小さな共同体は家族です。その外側には職場や地域という共同体があります。大学や社会全体、国家というものも非常に大事な共同体です。さらに国際社会という共同体もあるでしょう。

自分を大事にしつつ、共同体の一員であることに矛盾はありません。自分を大事にできない人間は、人を幸せにはできないのです。

「個というものが本当に自由になるにはどうしたらいいのか」ということを考えてみることはとても大切です。しかし戦後、日本人は自由とは勝手気ままにふるまうことと解釈し、そこに責任が伴うことを忘れてしまったように見えます。

自由という言葉は、英語でフリー（free）といいます。この言葉の語源は、プリー（prii）という古代のゲルマン語です。これが訛《なま》ってフリーになりました。

これはもともと、人間の集団、昔でいえば部族、氏族、親戚《しんせき》、縁者、その他、大きな地域集団の中で、人間が自分自身の居場所を見つけ、「ほかの人といっしょにいることが幸せだ」と感じられる状態を指した言葉です。自分が、人の輪の中に入って一番幸せだと感じられる状態をプリー、つまり自由といったのです。

最近の日本の大学生を見ていると、いくら人間がたくさん集まっていても、何か寂しげです。キャンパスでほかの学生といっしょに話していても、何か空々しく、リラックスしていないのです。むしろ一人でいるほうが快いのかもしれません。

彼らは子どものころから、そういう状態に置かれました。大勢集まって遊んでいるように見えても、それぞれが違うことをしていて、それを不思議にも思わない子ども時代を送っています。おそらく、取っ組み合いや口ゲンカの体験も乏しいでしょう。

これはけっして「自由」でも何でもありません。お互いが孤立しあった「孤人」主義であり、学生に限らず、いまの日本人に共通した傾向ではないでしょうか。

繰り返しますが、自分を大事にしつつ共同体の一員であることは十分可能です。

それがフリーやプリーの意味する「集団の中にこそある自由」「個人と集団の共存」なのです。

こう考えてくると、物と心、進歩と伝統、人間と共同体といった対立価値は、最初からどちらかの「択一」をするのではなく、まずはこれらのバランスによって成り立つ「共存」を考えることこそが、問題の解決につながると見てよさそうです。

このように対立する価値は、ほかにもいろいろあるでしょう。

変わらないものと変わるもの、新と旧、厳しさとやさしさ、知性と感性、理性と本能、もっといえば男と女といった一般的なものから、イスラム社会と西欧社会、先進国と途上国などの厳しい現実もあります。

実際には、こうした対立価値のどちらか一方だけを「択一」しなければならないように見える場面もあるでしょう。しかし、いままであげてきた例のように、世の中の現象はすべて、これらの対立価値が一方に傾きすぎたとき、おかしくなっているのです。

かりにどっちつかずの状態が許されず、対立価値に黒白をつけなければならない局面がきたとしても、懸命に「共存」やバランスを模索したあとならば、自分の中に不思議な耐久力がついてきて、その後の対処の仕方や判断にも周到さが伴い、危機に陥ることだけは避けられるはずです。
ともかく「性急な結論」、これこそが諸悪の根源なのです。

考え方24

論理は「保険」と心得る

考えるポイント　直感で動いたほうがたいていの場合正しくて早いが、思わぬ間違いも多い。日本人は、感性も論理のうちと考えるが、あえて感性を殺し論理を優先させることもときには必要と心得ておく。

論理でものを考えるというのは、動物としての人間にとって、本来自然なことではありません。その実践はたやすいことではないのです。

論理的思考が、人間の脳の構造から見てどういう仕組みで行われるか、まだはっきり解明されていませんが、民族によって、もっぱら論理を優先させたり、感性で動いたり、差があることは事実のようです。

よく知られた話ですが、欧米、とくにゲルマン系が多い北欧やイギリス、ドイツなどで買い物をすると、彼らと日本人の思考回路が違うことがはっきりわかります。

わかりやすく日本円でいうと、イギリスで、百円出して七十円の物を買ったとします。日本人のほとんどの人が、反射的に引き算でおつりを計算するでしょう。

ところが、現地の人は、七十円の品物と百円を並べて、七十円の品物に十円玉を一枚ずつ並べていき、八十、九十、百と、同じ「百」にするためにお金を足していきます。その三十円と買った品物（七十円）を合わせ、こちらも百円として、百円玉と引き替えに差し出します。

これは、「百と百をイコールにする」という論理に基づいています。つねにすべてを等式に置いていくこと。これは、算数ではなく数学であり、論理です。

日本人は、本能的・反射的に引き算をします。欧米では、引き算をするという発想がありません。算術という伝統がなく、引き算という訓練を受けていないから当然ですが、彼らが日本人と違って、直感よりも形式的な論理で動いていることを如実に示しています。

日本人のように反射的にものごとをこなせば、早く処理できるし、効率もいいでしょう。人間というのは、反射的にできることのほうが肌身感覚、つまり自然に近いのです。

これには、直感や勘も含まれます。私たち日本人は、直感、勘、肌身感覚といった感性を人間的であると感じます。そして、結局は感性も論理も、融通無碍《ゆうずうむげ》に混ぜ合わせて考えています。

他方、欧米や中東、インドなど南アジアの人は、感性と論理を峻別します。ですから、勘だけで動いたり、反射的な判断で決めたりすることを怖がります。

ヨーロッパでも南のほうのイタリアやスペインでは、目分量で「出たとこ勝負」、無秩序もそれほどいやがりません。何においても直感や情感を大切にしますし、だからこそ、自由奔放な芸術も生まれ、明るい歌を歌いながら感性を大切にして生きています。先の買い物の例でいうと、イタリア人やスペイン人は日本人と同じく、反射的に引き算でおつりを渡せる人が多いように思います。

世界には、「論理」を優先する民族と「感性」で行動する民族がいるのです。そして歴史を見ると、北ヨーロッパ、つまり論理的思考をするゲルマン民族のほうが、発展や効率という面で優位に立っています。安全確実で律義、すべてをシステム化するゲルマン的な論理的思考というのは、結局、「最後の勝負」に強いからです。

日本人は感覚が鋭敏で、反射や直感で一瞬にして行動を選ぶことができます。これもまた優れた能力です。ただし、反射的に考えたり、感覚的に行動したりすることは、暗算で引き算をすると間違えることがより多くなるように、絶対確実とはいえず、ときにとんでもない間違いを犯す危険もあります。

典型的なのが、太平洋戦争におけるミッドウェー海戦の惨敗です。日本は、アメリカ海軍は出てこないだろうと、憶測で反射的に動いていました。それで従来はほとんど成功していたからです。真珠湾攻撃、セイロン沖海戦などです。優秀な兵員がいるときは、すべてうまくいき、目覚ましい機動性を発揮しました。ミッドウェーに行った空母の中には、ソロモンから一カ月の間にガダルカナルまで行き、またセイロン島に行き、太平洋をまるまる横切ってミッドウェーに行っているものもあります。また、ミッドウェー攻略とアリューシャン列島占領を同時にやるような、壮大な作戦をしているのに、その間のシステム化をしていません。これは、進攻目標と作戦進行のかかわりを反射的直感で決めていたからです。システム化していたら、まずこんな空母の使い方をするはずがありません。

必要にあわせて「やり方」を編み出していくのは、日本のやり方です。「必要なのはこれだから絶対やれ」「では、何とかやりましょう」ということで、つじつまが合うように反射的に道を選ぶのです。反射で動くと事は早いけれど、取り返しのつかない間違いを犯すこともあります。

アメリカ艦隊は、日本の暗号まで解読して、全部のケースに応じた迎撃プログラムを作り、きわめて論理的・システム的に対処しました。それゆえ、結果は明らかでした。

では、日本人であるわれわれは、どうしたらいいのか。私は、論理は間違えないための「保険」だと心得るといいと思っています。ふだんは、直感で決め、どんどんやればいいのです。しかしリスクが大きくなるときは、必ず「検算」のつもりで論理を用いて、「穴」がないか確かめるのです。

「考え方」においても、直感したものを論理的思考で振り返ってみることで、確認作業として活用するのです。それだけでぐっと間違いが少なくなります。

考え方
25

「自分に都合のいい論理」を調達しない

考えるポイント
日本の過ちは、そのときに都合のいい「似非《えせ》論理」によるものだった。直感的思考を検証する「論理」が自分に都合のいいものに陥っていないか、よく自己検証する。

イギリス人は、何でも経験から考える「経験主義」です。つねに動き回る、行動する、経験する。しかしその中で、考えを深めていきます。

さらには、大変に行動力がある民族です。大英博物館のコレクションを見ればわかるように、万里の波濤《はとう》を越えて世界中に出ていき、世界中の物を略奪し、収集しています。

その旺盛《おうせい》な行動への意欲は、必ずしも富を求める物質主義からくるものではありません。どちらかというと、バクチ打ちと同じです。バクチ打ちは、お金儲《かねもう》けのためではなく、バクチをするときの「精神の躍動」がたまらないからやるのでしょう。イギリス人も自分をあるところに置くことで、思ってもみなかったエネルギーがわいてくる場面をつくり出そうとするのです。

世界中に出ていき、まったく違う文化に触れたら、いやでも人間は考えるようになります。そういう目的から、イギリス人は、あえて「自分をあらゆる状況に置く」ともいえるでしょう。

日本人は、いままで自分が経験していない局面に進んで自分を置くということを、もともと国民全体としてあまり好まないように思われます。それに加えて、自分の考えを深めるために行動の機会を追い求める必要性に迫られていません。考えるのを「手続き」の実行とは思わないから、行動で検証しようという気持ちが強くならないのです。

日本人の中でも直感力に秀でていない人は、論理できっちり考えておかないと、怖くて行動できないと思うのですが、それでも論理的に導き出された結論を行動によって確かめたいという衝動はあまり強くないでしょう。そこが決定的に違うのです。

しかし大半の日本人は鋭敏なので、感覚で考える営みを一瞬にして行います。それゆえ、性急に行動したい、という衝動が強くなるのです。

鋭敏で情緒過多になりやすい人は、前述したように、最後に検算として、多少、違和感はあっても「論理」を持ち込んで、別の筋で考えを確かめておくことが必要です。日本人の場合、論理は、「あとでつければいい」のです。

そのときに、とくに気をつけなくてはならないことは、反射的に一つの方向を選んでいると、自分に都合のいい論理ばかりを引っ張ってくることがあるということです。さらにいうと、日本人には、「論理を思いつく力」まで備わっているのです。

これは、大きな問題です。一見、論理で検証されているように見えても、その論理自体が「疑似論理」「似非論理」である場合があるのです。

評論家の山本七平氏は『空気の研究』で、「日本では『空気』ができてしまうと、みんなでそっちのほうへ行ってしまう。戦争がいい例だ」といいました。一度「空気」ができると、自分からわざと論理のプロセスを巧妙に操作してしまい、自分に都合のいい「似非論理」をどこかから調達してしまうのです。

論理というのは、「道具」にすぎません。ただし、同じ道具でも、ドライバーはドライバーとして、ヤットコはヤットコとして使い、しかも、その道具はしっかりしていなくてはなりません。道具そのものを作り替えてしまったら、道具ではなくなってしまうのです。

自分に都合のいい、つじつま合わせの「似非論理」は、大切な道具に細工を施して、まったく用をなさない道具にしてしまうようなものです。あまりにも直感を信じ、それを通したいという衝動にかられるあまり、都合の悪い論理を退けるために無意識に論理を操作し、ねじ曲げようとするということです。

日本人が集団として大きな間違いをするときは、必ずこのパターンです。論理それ自体を尊重する心は、やはり大切なのです。最後の「保険」なのですから。

そのことをいつも認識しておき、直感的思考を論理で検証するときも、それが自分だけに都合のいい論理になっていないか、よく自分に問い直し考えてみることです。

考え方
26

「正しいこと」と「効率のよさ」を混同しない

考えるポイント　正しいことと、効率のいいことは相反する。近代文明は、相反するものを一つにしようと、論理を上塗りしたにすぎない。中国や欧米で行き詰まった支配の哲学の「空《くう》」を知る。

近代日本は、欧米に追いつけ追い越せと、西欧の論理である「効率化」と「合理化」を求めて走ってきました。しかし、そのひずみが企業にも個人にも、社会全体にも、今日さまざまな事件や喜ばしくない現象として現れてきています。

その原因は、西欧や中国で育った「支配の哲学」にあると思っています。

昔、中国では、科挙に合格して高級官僚になった人たちは、試験合格までは儒教、つまり孔子・孟子を勉強し、合格した瞬間から、韓非子・孫子・呉子などを勉強し始めました。儒教の「人はかくあるべし」ではなく、「人間支配、国家運営のためにどうしたらいいのか」「世の中は本当はどうなっているのか」の勉強です。受験勉強の間は、「正義とは」「正しいことは何か」と建前の勉強をし、受験を終えると、支配の哲学、つまり「効率の世界」に入るわけです。

儒教というのは、いうなれば半端な教えで、効率や戦略を問う韓非子や孫子の世界に支えられて存在しています。儒教が「支配の哲学」ではなく、「支配を正当化するための哲学」といわれるのは、そのせいです。中国に儒教の伝統が強いということは、裏からいえば、マキャベリズムが異常に発達した国ということになるでしょう。

「正しいこと（真理）」と「効率的なこと（論理）」、この二つがそろわないと、世の中は成り立ちません。「これが正しいことだから」と正義を追い求めているだけでは、日常生活が送れないでしょうし、効率だけを求めて生活するのも人間には耐えられません。どちらか一つだけではどうにもならなくて、両方のバランスが必要です。

ところが、西洋では、キリスト教がすべて相反するものをくっつけて、一つにしようとしました。仏教、神道、ヒンズー教など、東洋に多い多神教の世界では、お互いに矛盾しながらも併存してきたものを、キリスト教では許しませんでした。

ギリシャ、ローマには豊かな多神教の世界があったにもかかわらず、キリスト教はその上に立って、無理やりこうした一神教の考えでこの世の中のことも仕切ろうとしたのです。

理屈の上に理屈をつくり、人間の実感とはるかに離れた論理で、支配の構造をつくっていきます。「正しいことは何か」ということと、「世の中を統治する、経営する」ということは、どうしても相反するところがありますから、「これらが合わない理由はこう（たとえば、魔女や異教徒のせい）だから、（戦いに備えて）こうする」と、二つのものの上に「上位概念」ともいうべきものをどんどんつくっていくわけです。

永遠に相反するものを何でもくっつけようとして、そのひずみを埋めるために、論理だけはものすごく発達し、ついに神も不要になり、啓蒙思想のように論理一辺倒の思想ができてきます。つまり、啓蒙思想といわれるものは、究極的な原理主義なのです。人をして「永遠の進歩をめざす」という狂信の虜《とりこ》にしてしまうのです。そんなものはもともと限られた地球上にはありえないことなのに。近代思想というのは、いわば「天国」を捨てた原理主義といえるでしょう。

キリスト教に限らず、宗教が世界のすべてを支配しようとすると、必ず最後は「神」を否定するところまで行きつきます。人間を駆り立てて、永遠の世界を求めさせる。改革だ、革命だと人間を急《せ》き立てて、人間は落ち着くところを知らない。近代文明は、科学技術を発達させましたが、永遠に人間が落ち着けないという宿命をこの世に定めてしまったといえます。

「効率のよさ」を第一義に考えると、それがあたかも倫理的に「正しい」ことのように思われます。その流れは現代にも及んでいますから、われわれは、いつも「正しさ」と「効率のよさ」を混同しないようにしなくてはなりません。

いや、むしろ、その両者は相反するものであることを念頭において、ものごとを考える必要があるのです。人間にとって「効率のよさ」とは、結局、別のリスクを増やしているのだということを、いつも意識しておきましょう。

考え方 27

「効率」と「精神」のバランスをとる

考えるポイント 組織を支えるには、「支配の効率」と「精神のリスク管理」の両にらみが必要である。しかもこれらを無理やり統一しようとせず、相反するものを、バランスをとりながら持ち続ける「太っ腹」こそ、現代においては求められる。

二つの相反するものを無理やり統一しないで、「これは相反するものだ」「もともと合わないものだ」とわかっていて、しかも両方を持ち続ける、そのバランス感覚（つまり「太っ腹」になること）が必要です。

ところが、世の中、えてして合わないものを無理やりくっつけようとします。その場合、ドライブ（衝動）の強さこそが、すべての問題の元凶になっていきます。

たしかに、この百〜二百年の近代文明をつくる過程では、そういう衝動、勢いが必要だったのでしょう。そこに山があれば、突進してトンネルを掘り、谷があれば、無理にでも鉄橋を渡して、あえてまっすぐの鉄道を敷く、そういう思想です。

これは、本当の効率からいえば、たいして必要ではなかったかもしれません。しかしそこには「何ものも排除して突き進む」という意志の強さがありました。その意志を支えているのは、「宇宙は征服できる」という考えです。科学技術が発展することで、人間が宇宙までも征服できるという夢想、いまから考えると愚かきわまる「科学技術」の思想が、そうした過剰なドライブをかけたといえます。

もっと卑近な例でいうと、大学の理学部は自然法則の発見を志して、自然体で研究を進めていますが、工学部になると、予算を取り合いして、何とか実用化できるものをつくり出そうと、実験に必死になっています。

人間というのは、「パブロフの犬」のように、何の意味もないことにでも、盲目的に条件づけられていくのです。しかもそんなに強く、効率や進歩を信じているのなら、それですべて押し切って、人間的な感覚や理想などはあっさりと捨てて生きていけばよかったのに（その場合、もっと早く破綻《はたん》し結論が出たはずですから）、なかなかそれもできませんでした。

言い換えれば、そんな「モーレツ時代」でも、人はみな、「人間の世界には、本当はもっとすばらしい世界もあるのだ」ということを、当のモーレツ人間自身、心のどこかでは知っていたのです。

ですから、一週間のうち五日間は「効率の世界」で必死になって、「鬼」に徹して生きても、あとの二日間は、効率などを超越した別世界に行く。その二つの世界を生きることは、結局、分裂しているようでいて、大きく融合している――そういう人間の精神生活が、近代文明のひずみを乗り越えていくうえで不可欠で、この融合こそ、近代文明の根本命題なのです。

たとえば、インド人に多いのですが、猛烈に働いて世界的にビジネスを展開しているような財閥のトップが、老年に達すると出家します。劇的に回路を切り換え、「永遠の世界」を求める営みに入るわけです。老年のみならず、インドでは若い人でも出家して、また戻ってきてビジネス界で先頭に立って活躍している人もいます。出家とモーレツビジネスマンを交互に繰り返すこと、「永遠のもの」を求めるとともに、あくまで現世でも社会に貢献することが、インドでは注目されているのでしょう。

ときに精神世界に立ち返ることは、ビジネスの場での活力となって効率を生むし、ビジネスに猛烈に専念することも、結局、自分の「魂の浄化」に役立つ、という相乗効果があるのだと思います。中国の昔の儒教官僚でも、王安石《おうあんせき》や林則徐《りんそくじょ》などは、有能でモーレツな効率主義の戦略家でありながら非常に清廉潔白で、精神の澄んだ「人格の完成」をめざしていました。つまり、国家の屋台骨を支えたような人たちは、「支配の効率」と「精神の世界」の両方を、同じように、最後まで失わずに持ち続けた人だといえるでしょう。

たしかにそれはむずかしいことですが、理想としてめざす方向だ、ということは知っておいていいことだと思います。そうすると、日々の思考に幅が生まれ、行動においても「戦略的な感性」が深められます。

考え方
28

効率を「量」でなく「質」でとらえる

考えるポイント　日本の生きる道は、近代的な「量的効率」ではなく、脱近代的な「質的効率」にある。日本は世界に先駆けて、まさにその転換期を迎えている。これからのものの見方・考え方に、この視点を据えよう。

日本の先覚者たち、たとえば西郷隆盛や松下幸之助は、「本当の効率を支えるものは何か」ということを考えてきました。それを見つけ出さなければ、本当の効率主義は生まれません。

山あり谷ありの日本では、大平原をひた押しして発達したアメリカの平板な効率主義で考えたら、ひどい非効率に陥るのは明らかです。さらに日本では、主義主張で一つの原理を押し切ろうとしたら、火山国・日本らしく、マグマが噴き出るようなものすごい反発・反作用が起こります。そもそも、国としての個性や国民性に挑戦するほど非効率なことはありません。

日本という国は、ものすごく特殊な国で、日本人は、世界でもきわめて特異な民族です。それはまず、日本という国の地理的・自然的条件からもわかります。日本の陸地面積は世界の〇・一%、しかし世界の火山噴火の二〇%が日本で起きています。火山国であるおかげで、地震は多いし、温泉もたくさんあります。

それゆえ、日本の水は軟水です。海外の圧倒的に多くの国では硬水ですが、日本の軟水は、カルシウム含有量が圧倒的に少ないのです。そのため、日本人は「せっかち」なのだという俗説があります。また、日本人の骨格が弱いのは事実です。

さらに、日本人は、縄文時代から一万年以上、木の実を食べて生きてきた民族です。四季のある日本では、冬場は獲物がいなくなるからです。漬物をはじめ、野菜だけを使った料理が日本料理ではとても多いことからも、海外の多くの国々と違うことがわかります。

さまざまな面から見ても、日本人は縄文時代からDNAが特異なのです。その特異性たるや、「世界に冠たる」といってもいいでしょう。

しかし、戦後の日本は「世界と同じように」という考えでやってきました。そして長い高度成長期をひたすら走り続けたことで、元来タフなはずの日本人の精神が疲弊し、民族全体に大変「疲れが溜まっている」状態です。最近の日本には、「もっと豊かになりたい」「もっともっと仕事を拡張していきたい」と心底から思っている人は少なくなり、「ちょっとひと休みしたい」というのが、現在の民族的精神状況だと思います。

ですから、いまの日本に、正攻法の「量的効率」は根づきません。いや、むしろ大量生産・大量消費の「効率のよさ」に、もう飽き飽きしているのです。このような時代になると、日本人は採算を度外視してでも、質的にいいものを探し求め、作り出します。ガツガツせずに、じっくりと「本物志向」になるのです。「本当の効率」を追求すると、「匠《たくみ》の技」や「縮み志向」など、ひたすら質を高める方向に行くのです。

これからは、日本の歴史的な「質的効率」の時代です。「質的効率」という言葉自体、多くの方にまだなじみがないでしょう。企業でいうと、バランスシートを画期的に改善していくとか、自社にしかできない技術の高度化、つまり「差別化」を図るといったことです。

「もっと売れる物を」と躍起になるのではなく、売れる売れないというまえに、ともかく「他社が作っていない物を」と考えを切り換え、その「違い」や「差別化」を大切にする。それが「質的効率」です。

それには、一見、非効率的に見える開発過程が必要ですが、いまだ「量的効率」にとらわれている古い世代の効率論には、そういう大きな視野が欠けているように思います。

ひたすら質的効率を求め、数十年どっしりと腰を据えてやっていけば、そのうち景気が本格的に回復して、また日本は爆発的に発展するはずです。二〇三〇年ころ、次なる「大きな発展期」が来ると私は見ています。

いま時代は確実に「量」から「質」の時代に向かい、日本は世界に先駆けて、まさにその転換期を迎えています。ぜひ、これからのものの見方・考え方に、この視点を一本、大きな柱として据えることです。

考え方
29

「近代の終わり」を意識する

考えるポイント 「モノ」神話に踊らされ、「モノ」狂いした時代を本当に終わらせなくてはいけない。人間という種の存亡が問われる次なる時代は、「本性《ほんせい》に戻る」考え方が求められる。

一九九七年、地球温暖化防止のための京都議定書が交わされたとき、アメリカだけは調印せずに、世界の批判を浴びたことがありました。

アメリカは、非常にはっきりした外交戦略から調印しなかったのです。

いま、ようやく明らかになってきましたが、京都議定書というのは、じつは「公平」という名の下に、不公平を強いたものです。中国やインドなどの途上国はいっさい排出量削減の義務がありません。出し放題が許されたのです。ヨーロッパ諸国も、ＥＵ加盟十五カ国連合でマイナス八％という削減率です。東ヨーロッパ、旧ソ連に近いところは、温室効果ガスを出すほどの工場はありませんから、じつはこの削減量は非常に甘やかされています。ＥＵは、二〇一二年には削減目標を楽にクリアできるでしょう。

実質、減らさなくてはならないのが、先進国ではアメリカと日本です。日本は環境技術をそこそこ持っているので、マイナス六％で調印しましたが、アメリカは「まったくメリットなし」として、頭から調印を蹴《け》ったのです。

当時は「一極主義」といわれた時代、アメリカは元気よく蹴り出しましたが、最近は温暖化による暖冬や、アル・ゴア元副大統領の映画『不都合な真実』などの影響で、アメリカ人の認識も変わってきました。そこで、アメリカも次回は参加するといいつつ、「条件がある」といっていますから、今後はアグレッシヴな条件闘争に入ることは必至でしょう。

しかし、アメリカが京都議定書に素直に従えなかった最大の理由は、「環境のために発展を抑える」という思想自体が、永遠の繁栄というアメリカン・ドリーム、つまりアメリカの根本的価値観と相容《あいい》れなかったからです。

アメリカは、京都議定書云々《うんぬん》の前に、宇宙計画も挫折しています。

私が子どものころには、絵本や少年雑誌の影響で「二十一世紀になったら、この地球を飛び出して、どこか別の惑星に旅行ができるぞ」と思って、楽しみにしていたものです。

一九六九年、アポロ11号が月に着陸したときは、みんなが「これからは宇宙の時代が来るだろう」とワクワクしたものです。それから四十年たちましたが、以後まったくといっていいほど宇宙計画は進んでいません。それどころか、大幅に削減されています。

大量生産・大量消費、「量的効率」を求めて走ってきた近代は終わったのです。いまアフリカの国家が次々と崩壊しているのは、近代は終わってしまったのに、はるか後ろのほうから近代の後追いをしようとしているからです。「終わってしまった近代」をめざすアフリカや中東が、いくら努力しても国家として体《たい》をなさないのは、当たり前なのです。

次の時代は、「質の効率化」という新パラダイムを持った脱近代あるいは超近代です。地球環境一つとっても、人間という種の存亡が問われているわけですから、考え方を変え、意識を変え、どうあってもたどり着かなくてはなりません。どうやら「永遠の発展」という近代思想は、最終的に破綻したようです。

考えてみると、「爆発的な破壊と生産」のシステムの上に立っていたのは、ここ百五十年ほどのことです。私が思うに、脱近代とか超近代といっても、要するに近代の前の時代に戻るだけのことです。それは、人間の本性に戻るだけといってもいいでしょう。

「本性に戻る」という考えに立てば、日本人は、変わるといっても、かつてやってきたことに立ち戻ればいいわけです。何といっても日本は、ついこの間まで「質的効率」を重んじて生きていた江戸時代を持っています。江戸は、人為的にすべてをリサイクルさせるシステムを、極限まで完成させていた世界唯一の大都市といわれます。

近代の百五十年間は、人間が「モノ」神話に踊らされ、「モノ」狂いした異常な時代でした。ですから、いま、やっと正気に戻ろうという動きが出ているということなのです。

私が非常に注目しているのが、白人たちの「逆移民現象」です。南北アメリカから、白人たちがヨーロッパに「逆移民」し始めています。ブラジルやアルゼンチン、ペルーの人たちが、スペインに移住することが一番の憧れだといいます。つまり数百年ぶりで、白人の還流が始まったのです。

また、かつて「アメリカン・ドリーム」を叶《かな》える国だったはずのアメリカは、入ってくる人よりも出ていく人のほうが多くなってきています。

ヨーロッパのユダヤ系の人が大西洋を東に越える旅客数と、西に向かう旅客数を比べると、以前は断然、西に行く人が多かったのに、いまは東に行く人が多い。しかも、行ったきり、戻ってこない。これも統計にはっきり出ています。

こういった現象を見ると、「ああ、近代は終わったのだ」としみじみと感じます。世界中の人びとも、このことにようやく気づき始めています。これからは日本人にとっても、このことを抜きにしては、どんな考えも的を外れたものにならざるをえないでしょう。

これを日本の文脈で言い換えると、二、三代前の祖父・曾《そう》祖父の子ども時代に戻っていく、ということです。日本に近代的な重工業が生まれる前のころの「あの感性」を取り戻せるかどうか、そこに国や企業経営の未来がかかっているのです。

第4章

世の中を考える技術

考え方 30

国単位でなく「文明単位」で見る

考えるポイント 日本は、一国だけで一つの文明圏をなす唯一の存在である。ここからすべての問題の解答が導き出せる。日本的思考という「逆転の発想」こそ、新時代の主流の思考となる。

かつて西洋人は、世界は西洋のキリスト教圏、中東のイスラム教圏、アジアの東洋文明圏と、大まかに三つに分けて考えていました。その後、イギリスの歴史家トインビーは、世界には全部で六つないし七つの大きな文明圏があるといいました。トインビーの見解で注目に値するのは、日本だけで一つの文明圏をなしているといっていることです。トインビーだけではなく、最近ではアメリカの学者ハンチントンも同じことをいっています。

その七つとは、「西欧キリスト教文明」「ロシア正教文明」「イスラム文明」「ヒンズー文明」「中華文明」「日本文明」「中南米ラテン・アメリカ文明」です。

ハンチントンは日本文明について次のようにいっています。

「一部の学者は、日本の文化と中国の文化を極東文明という見出しで一くくりにしている。だが、ほとんどの学者はそうせずに、日本を固有の文明と認識し、中国文明から派生し、西暦一〇〇〇年ないし四〇〇〇年の時期に現れたと見ている」

どうして、日本一国で一つの文明圏を築いているという見方が広まったのでしょう。それは、日本が島国であることと無関係ではありません。

「何をいまさら、島国であることを強調するのか」と思われるかもしれません。たしかに、島国は日本だけではなく世界至るところにあります。しかし、同じ島国でも、たとえばイギリスと日本ではまったく様子が違っています。

私は、イギリスに留学したとき、小説などの影響で英仏海峡や北海を、日本海と同じように「荒れる海」だと思っていました。しかし、実際に見たそれらの海はじつに平穏で、日本の海よりも、若いころヨット遊びをした琵琶湖を思い出したくらいです。

日本には、荒れた日本海や東シナ海が大陸との間にあるために、海が大きな「隔たり」をつくり、他国に行くのも他国から来るのも大変困難です。古代、日本から派遣された遣隋使や遣唐使が命がけの航海を強いられたのも、この荒れた日本周辺の海が渡航を妨げたからでしょう。

唐招提寺を建造した唐の僧・鑑真も、何度も渡航に失敗し、その苦労からついに失明したくらいです。いまでも、日本海は変わらず荒海ですが、太平洋も黒潮などに巻き込まれればジョン万次郎や大黒屋光太夫のように、漂流民になってしまう可能性があります。

しかも、「絶海の孤島・日本」は、非常に温暖で、自然の宝庫でもあります。きれいな水にも恵まれ、「無駄遣い」のことを形容して「湯水のごとく」という国はおそらく日本だけでしょう。日本人にとって自然は、人間に多くの恵みをもたらすものでした。

こうした日本独特の風土は、日本に独自の文明を築かせました。風土は文明をつくり、文明は人間の考え方や心のパターンを決定づけます。

そう考えると、考え方の座標軸を、国単位から文明単位に移したほうが、正確に世界をとらえることができることに思い至ります。

「日本は、一つの国で一つの文明圏だ」という指摘をされてもっとも戸惑うのは、日本人自身かもしれません。古代は中国や朝鮮半島から文明を仕入れ、明治維新以降は西洋文明を猿まねしてきた「物まね文明」と考える日本人が多いからです。

また、今日でも一部のマスコミや識者と呼ばれる人びとは、日本が世界から孤立することを恐れて、「アジアのアイデンティティを共有し、アジア共同体の一員となったほうがいい」などといいます。これは、日本文明をまったく理解していないところから発せられた暴論というべきでしょう。

日本を代表する文明論の大家である梅棹忠夫氏は、トインビーやハンチントンと同様の議論を展開し、「日本は、文明の上で、アジアではない」と断言しています。日本には、西欧キリスト教文明やイスラム文明と並び立つ「日本独自の文明」があるという考え方に立てば、これからの日本がどう生きるべきかという大きな問題にも、おのずから答えが出てくるのではないでしょうか。

「文明の衝突時代」といわれる現代、人類は、文明の共存を考えつつ、あくまで独自の存在として、日本は強靭《きょうじん》な文明力を必要とされています。とくに、一国で文明圏をなしている日本は、精神的にはつねに「独りで立つ」という気概を求められているのです。

そういう視点を考え方の根底に置き、日本本来の文明をしっかりと見直していきたいものです。

考え方
31

「どん底」から復活を考える

考えるポイント　衰退と復活を繰り返した歴史上の事例を見ると、その復活を可能にした「底力」は、文字どおり「どん底」から生まれ出ていることが読み取れる。

国にしても人間にしても、いったん没落・衰退した状態からの復活は、頭を悩ませる大テーマです。

「禍福はあざなえる縄の如《ごと》し」というように、隆盛と衰退はその一方だけがいつまでも続くものではなく、縄の目のように繰り返されます。

しかし、衰退した国や会社や人間が、放っておいて知らぬ間に復活した、というほど現実は甘くないのも事実です。歴史上、衰退と復活の実例には事欠きませんが、そのいずれもが当事者たちの必死の努力と執念の結果なのです。

近代のイギリスの場合、この衰退と復活は二度繰り返されています。二十世紀の初頭に一度衰退し、二十年くらいでいったん立ち直りました。それから「揺りかごから墓場まで」という福祉国家をめざして、非常に安定した時代が続きました。

私が留学していた七〇年代、サッチャー政権誕生のすぐ前には、先進国として二回目の衰退期に入りました。そのどん底の年、一九七九年には、財政が完全に破綻したロンドン市は、ゴミの収集すらできなくなりました。リージェント通りやピカデリー・サーカスのような観光名所でも、ゴミが二階の窓を塞《ふさ》ぐほどに積み上がって、名物の二階建てのバスがゴミの谷の間を走っているという感じでした。

また、当時のイギリスでは、通行料が無料にもかかわらず、どの車も高速道路に入りたがらず、一般道路を走りました。高速道路は財政破綻でメンテナンスがものすごく悪く、モウモウと砂塵《さじん》を巻き上げて車が走るからです。高速道路を一度走るとフロントガラスが傷だらけになるほどでした。

私が住んでいた田舎町も大変でした。地方財政が崩壊したため、火葬場が動かないのです。それでも棺《ひつぎ》は次々と運び込まれてきます。夏などは、異臭は放つわ犬は吠《ほ》えるわで、遺族のほうがパニックを起こすほど悲惨な状況でした。近くの町では遺体の処理ができず、青いシートを掛けたまま放置してありました。まるで戦争中の空襲の跡のようでした。

こうして、イギリスは「どん底」まで行ったわけですが、そのとき「底力」を発揮し始めたのです。それはどこから出てきたかといいますと、結局一人ひとりの人間が頭を切り換えて、国民全体が精神的に立ち上がることから始まりました。

まず、老人が元気を出し始めました。かつて戦場で活躍した軍人OBたちの集まりである在郷軍人会が動き出したのです。

彼らは、「若い男はみんな集まれ」と呼びかけ、外国人の私までも「お前も来い」と引っ張り出しました。若い男性を集め、車の所有者には車を供出させて、そこに誰のものであろうと人の棺おけを担いで乗せ、何十マイルも離れている別の自治体へ運んでいくのです。

これを一日に十往復もするという作業に町中で取り組んだところ、あっという間に遺体は片づいていきました。老人たちは、「戦争中のロンドン空襲に比べれば、こんなものたいしたことない」といいながら嬉々《きき》として動き回っていたのです。

七〇年代の終わり、政治不在、財政破綻で、なすすべもないほど国が苦境に陥ったとき、そこからどのようにして立ち上がるかという現場を、たまたま私は目の当たりにしたわけです。そのとき、「国の底力というものはこういうところに現れるのだ」と実感したものです。

その後、「鉄の女」といわれたサッチャー首相が登場しました。イギリス人に、あの「底力」があるかぎり、サッチャー改革は必ず成功し、この国は立ち直るだろうと、当初から私はずっと思い続けてきました。

人は逆境からの復活を考えるとき、どうしても上ばかり見がちです。たしかにめざす方向に夢を描いて、モチベーションを高めることも必要でしょう。しかし「泥沼からの脱却」を考えるとき、夢のようなイメージだけでは何のエネルギーも出てきません。

そんなとき何よりの教訓になるのが、これ以上はない、という「どん底」を経験した国や企業や人間の心の中に生まれる「覚悟」です。

自分たちが当事者であればなおさらのことですが、外野にいて世界や国の動き、さまざまな集団の趨勢《すうせい》を判断するときも、私がサッチャー改革のときに期せずして行ったような「どん底」の視点からの観察や思考は有効なはずです。この国はもう「どん底」の底を打ったかどうか、です。それは国民の精神状況を見ればわかります。昭和二十～二十一年ころの日本人は、間違いなくその状態にありました。さて、いまの日本はどうでしょう。

考え方
32

世と人とは元来「うまくいかない」もの

考えるポイント　ギリシャ哲学も老子・荘子も、「人間が世の中で生きる」ことのジレンマを深く突き詰めて考えた。人は世の中といかに折り合って生きるか、それは古代から続く永遠のテーマである。

私の読書遍歴の中で、世の中を考える指針となるものをあげるとすると、やはりギリシャや中国などの古典につきます。若いころから数々の古典を読んできましたが、五十歳を過ぎたころからとくに慣れ親しんでいるのが、『老子』『荘子』です。

私のように西洋の勉強をずっとしてきた人間からすると、老荘などの中華思想もギリシャ哲学も、みな同じことが書かれていることに気づきます。東洋思想だ、西洋思想だといっても、もはやその違いを感じなくなりました。

古代ギリシャの哲学者・プラトンの『国家』も、イタリアルネッサンスの政治思想家・マキャベリの『君主論』も、『孟子』や『韓非子』と異なっているわけではなく、結局どれも同じテーマについて論じられているのです。それは、「人間は世の中とどう折り合っていくか」ということです。

人間は、一方で人として正しい生き方を求めながら、もう一方で単に「正しい道」を求めるだけでは生き延びることのできない現実にぶつかります。「正しい行い」を実践することが、世の中においても都合よく効率がいいのであればいうことはありませんが、絶対にそうはいかないのが人の世です。国家や大きな組織を動かす人間は、こうした現実と理想との永遠のジレンマに悩むのです。それこそ、まさにプラトンの『国家』の大テーマでした。

老子・荘子は、人の世をいかに道徳的に正しい理想に近づけるか、そのもっとも効率的な道は何かを、「空《くう》」の思想を使って説いています。それは、裏返せば世の中をどう治めるかという支配の哲学ですから、結局、孔子や孟子と異ならないし、プラトンの『国家』の主題も同じです。

いつの世も、人は社会の中で生きていますから、世の中のさまざまな摩擦や軋轢《あつれき》に悩み苦しみます。葛藤《かっとう》の多い世の中で人はどう生きていくかという永遠のテーマを、どの時代のどの地域の古典も扱っているのです。

考えてみれば、老子・荘子にしても、ソクラテスやプラトンにしても、ほぼ同じ時代に生きています。お釈迦様も孔子も、それより百年ほど遡る程度で、長い人類の歴史の中で見れば、ほとんど同時代といっていいでしょう。

同時代の人間が、地球の西と東で、互いに交わることもないのに、それぞれに同じ課題に苦しんでいるのですから、その普遍性がよくわかります。

そういう視点で日本の神話や『古事記』などを読むと、やはり一貫して「人間が世の中でどう生きていくか」というテーマで描かれていることに気づきます。

自分一人だけで生きていけるなら、何の悩みもないでしょうが、一人では生きられないところからすべては始まって、社会・国家・企業・地域・家族といった集団の中で個人がどう生きるか、結局このことに、どの時代も苦悩し続けているのです。人間性の本質と集団とのジレンマを超越して、宗教の世界にでも行けば、解決もするでしょう。しかしそこへ行ききらずに現実の世界で苦闘する人間の思いは、結局いつの時代も同じところに収斂していると知ることが、世の中を考える第一歩です。

社会と人間は、元来うまくいかないもの、相容れないものだということを前提にして、世の中を考えるようにすることが重要です。

世の中には、永遠に答えの出ない問題もあるのです。「大事な問題ほど、結局、答えは出ないものだ」と見切りをつけることが、まずは大切ではないかと思います。

考え方33

評価でなく「事実」だけを見る

考えるポイント　イギリスの庶民は、上の人間をけっして羨《うらや》まず、強靭な「自己本位」の視点から健全な猜疑心《さいぎしん》をいつも持っている。事象や歴史の確かな事実だけを見て、人の評価にとらわれずに自分の頭で考えることが大切。

階級社会のイギリスでは、国民の大多数を占める労働者階級《ワーキングクラス》と中産・上流階級《アッパーミドルクラス》は、生活スタイルも人生の目的もまったく異なります。

収入そのものを比べれば、ワーキングクラスは、もちろん上流階級に及びませんが、物質生活は、むしろ労働者のほうがずっと豊かです。

彼らは、日常生活にお金を存分に使います。レストランでおいしいものを食べ、大型テレビが出たといえばすぐ買ってドラマや映画を楽しみ、流行の服を買い込んでおしゃれを楽しむのが、彼らの生き方です。

逆に、中流から上の階級は、衣食に金を使う人間をバカにしています。生活に金をかけずに、もっぱら貯金に励みます。弁護士・医者・学者・政治家などの学歴の高い知識人や、毎晩蝶《ちょう》ネクタイをしてカクテルパーティに行くような経済界の人間など、アッパーミドルは、ひたすら貯金をします。

貯金の目的は、豪壮な家を買うためです。隣の家まで歩いて五分もかかるような広い庭のある豪奢《ごうしゃ》な屋敷を持つことが、上流階級の成功の証なのです。ですからその目的のために、ふだんはきわめて質素に慎《つつ》ましく暮らしています。

そうして立派な邸宅を構えたら、友人・知人を家に呼んで、階級の値踏みをし、互いの地位を確認し合います。それが、彼らの社会生活の基本なのです。

住む地域も階級によって違います。たとえば、ロンドンのノッティングヒルは、下町情緒ある庶民の街で、カムデン・タウンは、中流以上が住む静かな住宅街です。どの地域に住むかは、イギリス人にとって、人生の中で結婚と同じくらい、あるいはそれ以上に重要です。

このように階級差が明確ですが、かといって労働者の人たちが貴族や上流階級を妬《ねた》んだり羨んだりしているかというと、けっしてそんなことはありません。彼らは、上の階層にまったくコンプレックスを持っていないどころか、「上の人間は地位や知識をひけらかして喜んでいる、変な趣味の動物だ」と、すっぱりと突き放して見ています。

コンプレックスがないから、上の階級に行きたいとも思いません。自分は労働者の家に生まれ育ち、友だちもたくさんいるし、地域にしっかりと根をおろして、実業で安定した収入があり、豊かな日常生活を楽しんでいることにプライドを持っています。

上流階級に行けば、言葉もアクセントも違いますし、昔なじみとはまったく違う人たちとつきあわなければなりませんから、そんなことはまっぴらごめんと考えています。

物をつくったり売ったりして実業をする人たちは、知識だけしか扱わない上流階級の人間を、少しも偉いとは思っていないのです。イギリスが、イデオロギーに侵されず、実用主義の社会だとよくいわれるのは、庶民のそうした気質のためです。

庶民は、政治や学問の世界を握っている人間を、ほとんど信用していません。「連中は高等教育を受けていて嘘の技術に長《た》けているから、下手をすると自分たちの富を持っていってしまうかもしれない」という猜疑心を強烈に抱いています。「奴らはいろいろと理屈をつけて高い税金をかけようとしている。あいつらの論理に騙《だま》されてはならないぞ」と、目を皿のようにして政治家や知識人を見張っています。それが、民主主義をつくり出した理由です。

民主主義も近代経済学も、そもそも庶民のそうした健全な猜疑心から始まったのです。勝手に税金をかけたり、逮捕状もなく捕まえにきたりする上の人間から、自らの自由と権利を守ろうという動きが、マグナカルタ（大憲章）を生み、民主主義の道を拓いていったわけです。

ですから、エリートの「ノーブレスオブリージ（地位の高い人間には、それにふさわしい義務があること）」だけで、あの大英帝国を築いたといったら大間違いです。

イギリスという国が、あれだけの長い間、世界の先頭を走って自然科学や技術を発達させ、産業革命を起こし世界帝国をつくれたのは、労働者階級など、草の根の庶民のクリエイティブな力が下からこの国を突き上げ、動かしてきたからです。

かといって、大衆は、社会のすべてを疑っているわけではありません。「肌身に感じるもの」、つまり事実は事実として素直に受け止めながら、「おためごかしの理屈づけ」は上手に排除して騙されないようにしようという、経験主義と健全な猜疑心を持ち合わせています。

それが根底にあるので、歴史書を読んでも、歴史家の評価には目を留めず、客観的な事実だけを見ます。たとえば為政者による大変な弾圧があった事件だと人が評しても、そんな評価にはとらわれず、事実だけを冷静にとらえます。

世の中のあり方を考え、社会の大きな流れを正しく見通すには、そうしたよき「自己本位」に徹する姿勢が求められるのです。

考え方
34

「本分を貫く」ことで社会貢献を考える

考えるポイント　社会奉仕でなくても、自分の本分を果たすことで世のためになれる。世の風潮に流されたり、私利私欲で強者に媚《こ》びることは、人間の美学としても論外である。

福沢諭吉は『瘦《やせ》我慢の説』の中で、「利あらばそちらに転び、権力の強い者に媚びる輩《やから》」を痛烈に批判し、やせ我慢をしてでも「独立自尊」を保つ気概の大切さを説いています。

そして自らも、新政府は外から監督するのが一番いいといって、自分のふるまいの美学を曲げず、権力に与《くみ》することはけっしてありませんでした。福沢の『瘦我慢の説』こそ、知識人の本道、学者としてあるべき正しい姿だといえるでしょう。

私は、いつのころからか、若手からベテランまで、数多くの政治家たちから話を聞きたいと請われるようになりました。私が霞が関の役所の都合では動かないことを承知で、政治家が必要にかられて「ぜひ話を聴いて勉強したい」という場合には、出かけていきます。

経済界の人に呼ばれることもあります。あるいは役人の勉強会でも、省庁横断的に「本当に勉強したい」という意図がはっきりわかっている場には、できるだけ顔を出すようにしています。単に形式やお飾りのための審議会や懇談会ではなく、「真剣に学びたい」という場なら、こちらも力が入って話をするせいか、好評も得ています。

そのころからつきあいの始まった政治家の多くが、いまは各派閥の領袖《りょうしゅう》くらいになっています。このように、私の考え方をよく理解したうえで頼んできているのであれば、「喜んで行きましょう」と言って東京に出ていくことにしています。相手が総理大臣でも同じです。安倍元首相や橋本元首相、小渕元首相の場合も同じでした。

それはけっして、いわゆる「ブレーン」などになって政治家個人や特定の省庁を応援するためではなく、私の意見を忌憚《きたん》なくお話しすることが、社会公益のためになると思うからです。しかしそもそも、日本の政治家など、こちらの言ったことの十分の一も聞いてはいません。政権の維持に利用しようというのがほとんどです。

それよりも、言論の場こそ、本当に社会公益のためになります。とくに小泉元首相のころは、拉致《らち》問題が発覚したり、中国との関係で緊迫した事態に陥ったりと、さまざまな問題が一挙に起こりましたので、「これはいわなくてはいけない」と、主に新聞・雑誌の活字メディア、ときにはテレビを通じて、ずいぶん発言しました。たとえば、もし小泉元首相が靖国参拝で「腰砕け」になったら、日本外交の基礎が大崩れになってしまいます。これは独立国家・日本として大変危険な局面だ、という強い危機感から、活字を通してはっきりと私の考えを主張しました。それは歴史認識だ、A級戦犯がどうだという話ではなく、国家の存亡と主権にかかわる重大事だったからです。

あとからわかったことですが、私の発言は、小泉元首相周辺にもかなりプレッシャーを与えたそうです。それを聞いて、いっておいてよかったと改めて思ったものです。

いまの日本には、政治家の「御用聞き」をする学者や評論家が多すぎます。役所や経済界の「おこぼれ」にありつこうという有識者も増えました。しかし、権力者や視聴者にとって耳に痛いことであっても、自ら正しいと思うことを発言することは自分の「本分」であり、私自身もそこに大きな誇りを感じられるから、そうするのです。

とくにかつての竹中平蔵氏のように、学者を捨てて政治家として行動するならばすっきりしますが、役所の言い分に「お墨付き」を与えるだけの役割だとわかりきっているのに、政府の何とか審議会や○○懇談会などに選ばれて得々として出ていく学者は、思想や立場の問題というより、美学として、私には考えられないことです。そもそも日本には国会議員がたくさんいるのに、なぜそんなことに与するのか、私にはわかりません。それこそ、福沢諭吉が『瘦我慢の説』で唱えた知識人の本道に反する行いです。

けっして福沢がいっているからというのではなく、私も、長年にわたって学び研究した成果を踏まえて、言論を通じて自分の意見を広く世間に発信し、社会によりよく貢献することが学者としての私の使命であり、正しい生き方であると思っています。

これは「きれいごと」ではないのです。学者に限らず、どの職業に就く人も、わざとらしい「ボランティア」などを考えなくても、自らの仕事、「自分の本分」を貫くことによって、十分、社会貢献を考えることができます。これなら無理なく、そして一番効率もよく、社会公益の役に立てるからです。

考え方35

天下国家も「自分の問題」としてとらえる

考えるポイント　自分に関係のないように見える問題も、身近に引き寄せると見え方が変わる。「天下国家」の問題も、自分自身や身内、生まれ育った土地と直接つながるものである。

私が政治学者として、マスコミの場で国のあり方や政府の政策について意見を述べるのは、政府のアドバイザーや政治家になろうという意図があってのことでは毛頭ありません。また、単にその道の専門家としての使命感から発しているだけでもありません。

もっといえば、自分が生まれ育ち、自分の父親や祖父が生まれ、自分の子ども、孫が生まれ育つこの国の土壌は、いわば自分の体の一部のようなもので、自分の一身と日本国の運命と切実につながっているものだと感じるからです。

私は、イギリスで西洋の勉強をし、ヨーロッパを広く見聞し、彼《か》の地での生活にもなじみ、若いころには何度も、向こうで職を得て永住を考える機会もありました。しかし三十代半ばのあるとき、最終的に「自分はこの日本で死のう」と決意した思いは、いまも変わりません。

口はばったい言い方になりますが、正直いってこの国の行く末は本当に心配なところがあり、「天下国家」の問題は、けっして自分とは遠く離れた問題ではありません。直接自分自身にかかわる問題だと強く感じ、いまもそう感じるから、こうした仕事を選び、今日まで続けてきました。また、そうした個人的な思いがあるからこそ、つねに自分の頭で考え、自分の言葉で同胞に訴えたいと思って論じているのです。

私が政治や国家の問題を一日本人として切実に受け止めているのは、一つには欧米人と向こうの社会を身近に見たということもあるでしょう。さまざまな民族の大国・小国が互いに国境を接してしのぎを削り合う厳しい国際環境を繰り返し肌身で感じたから、世界の中で日本がどうふるまうべきか、この国はどう進むべきか、もっといえば、どう生き延びたらいいのか、わが事としてひしひしと感じられたからです。

政治家は、現実に権力を持ってこの国を動かしていますが、目先の問題に対処することに終始しています。たしかに彼らの言動は、この国に絶大な影響を及ぼしていますが、国家の大きな行方を考えると、目先の現象だけにとらわれず、二十年、三十年の長いスパンで考えて、「世の中はこうあるべきだ、日本はこう進むべきだ」ということを一生懸命語ることが大切であると思います。また、そのほうが結局、より大きな影響を及ぼすことができます。

なぜなら、そうすればそれを受け止める人たちが徐々にでも広がっていき、十年、二十年後には国民各層にじわりと浸透して、同じように考える人びとが増え、同じように主張する若い政治家や一般国民がたくさん出てきたら、その声は二倍、三倍になるでしょう。そう思って、私はあくまで本来の学者としての本分を守り、公の問題を自分自身の問題として、そして自分の子孫のためにもこの国の行く末を思い、世間に訴え続けていきたいと思っています。

何か外向けにカッコよく語っているように見えるかもしれませんが、私としてはいままでこのようなことはあまり口にしなかった本音の中の本音でもあります。ここでそれを口にしたのは、次のことを多くの人にわかってもらいたいからです。

一見自分には「遠い世界」に思えることも、身内や自身の「大切なもの」とのつながりを考えてみると、まったく見え方が変わってきます。国や世の中のあり方は、ほかの誰のことでもない、「わが身」の問題ととらえる視点を持って、「大きく考える癖」をつけることが重要だということです。

考え方
36

国を知るには、まず「神話」を知ること

考えるポイント　神話から始まる雑多な歴史を読んでいると、教条主義に陥らない。その国を理解できるばかりか、その国民の心理の本質をつかむことができる。

ソ連のスパイだったゾルゲは、日本へ派遣される前に一年近くの間、モスクワで研修や訓練を受けていますが、そこでもっとも重視された教材は、日本の神話でした。日本人とはどんな国民か、日本人の「思考の本質」はいかなるものかを理解するのに、神話がもっとも役立つ教科書だったというわけです。

ゾルゲは日本に来てからも、日本の神話を愛読し、そこから得た知識を「神話事典」といって活用していました。近衛首相がこういったというと、こういう発想でこう考えているだろうから、彼の周辺にこういう嘘話をすれば信用するだろう、というように、日本の神話から学んだことをもとに、日本人の心理を巧みにつかんで、私たち日本人を手玉に取ったのです。

ドイツ人は、外国を知ろうと思ったら、まずその国の宗教や哲学の研究から入り

ます。彼らがインドを理解しようと思えば、ヒンズー教や仏教、インド哲学などを学びます。日本について学ぶなら、神道や神話を研究します。『古事記』『日本書紀』ならば上巻《かみつまき》、神代紀をもっとも重視します。

ドイツの知識人の多くは、大学で哲学の学位を取っていますから、知らない国へ行くときは、その国の哲学や思想、宗教がどんなものかを調べるのです。

一方、歴史から入るのがイギリス人です。イギリス人はとにかく歴史が大好きですから、日本を知るなら神代以降、つまり明確に歴史になったところからしか興味を持ちません。第何代何々天皇は何をした、といったこまごましたことを、少し日本について勉強したイギリス人なら、やわな日本人よりよほどよく知っていて驚かされます。

実際、イギリス人は、どんなことをするにも、まず歴史からスタートします。不思議なもので、料理のレシピや献立のヒントが載った、主婦が買うような本でも、「この料理はハンガリーで生まれてオーストリア、フランス経由でビクトリア女王時代にイギリスに伝わった」といった歴史が、必ず冒頭に書かれています。私たちからすると、夕飯のおかずをつくるのになぜそんなことを知る必要があるのかと、首を傾《かし》げてしまいますが、そんなふうにイギリス人はつねに歴史と向き合います。

こまごました事件史や個人の伝記なども大好きです。日本人が歴史を学ぶというと、受験のために丸暗記したり、大学の史学科で議論するような「歴史の因果関係」を大げさに論じたりしますが、イギリス人は、そんなバカな議論はしません。歴史のパターン化、法則化など、たいてい「でっち上げ」だと思っているからです。

考えてみれば当然です。吉川英治氏や司馬遼太郎氏の作品を読んで、歴史の法則性を考えたりする人はいないでしょう。歴史は例外ばかりで、次に何が起こるかわかりません。そして必ずどんでん返しがあって、どんな法則にも当てはまらないことを、彼らは知っています。

ですからイギリス人が歴史を学ぶときに、何か原則をもってあらかじめ一つの流れを想定させるような書き方をした歴史書を、まともなものとはまったく考えません。歴史を興味のわくままアトランダムにいろいろと読んでいくと、この世の中はどうなっているのか、人間とはどういう動物であるかということがだんだん、じんわりと体でわかってくるというのが、イギリス人のスタイルです。

ドイツ人やイギリス人のように、神話や歴史をありのままに読み込んでいくと、日本の学校教育や権威のある学者が「それらしい」ことをいう教条主義に陥らずに、その国や国民性の本質を理解することができます。それによって国際社会を考えるのにも役立ちます。

なかでも、その国の「精神的支柱」を形づくったものは何か、という視点で神話や歴史を学ぶことは、とくに大切です。

考え方
37

日欧のエリートを「同じ土俵」に置かない

考えるポイント　日本人は人種的にまったく平等な民族で、エリートが生まれる素地がない。征服民族がエリートとしていまなお国を治め続けるヨーロッパとはまったく違う。

「日本の社会を操るのはきわめて簡単だ。いくつかのターゲットだけをねらって、それぞれ少しずつ品を替えながら集中的に働きかけたら、日本の中枢部はいっぺんに洗脳できる」

これは、前述のゾルゲが残した、日本人が大いに教訓とすべき証言です。

簡単に操れる日本を、ゾルゲは「蟹《かに》」にたとえています。日本という国は、蟹の甲羅のように最初はガードが堅くてなかなか中に入れません。仲間同士内側でまとまっていて、外国人はまったくのよそ者扱いで排他的だ、というのです。

しかし、甲羅の端からいったん入ってしまえば、中はズブズブのすき間だらけで、たやすく甲羅の中心までじつに簡単に入っていけます。みんな同じことを考えていますし、「あの人の知り合いなら」といって、すぐに気を許してしまうからです。

甲羅の中心、つまり日本国の中枢部の実体がいかに頼りないかを、ゾルゲは私たちに遺言として残したのですが、じつはその構図は、戦後も戦前とまったく変わっていません。

東京を支えている民衆は、大変活力がありますし、頼もしく、しっかりしているので、私たち地方の人間は学ぶべきところがたくさんあると思います。

しかし、東京の中でも霞が関や永田町、大手町などの、この国を動かしている中枢部の人間は、きわめて弱体です。それは、日本には欧米に見られるような、国家指導に従事しうる超エリート層がいないからです。

日本人は、もともと下から上まで遺伝子が完全に混じり合った民族で、欧米のような征服民族の重層構造が残った社会ではありませんから、社会的あるいは遺伝子的にエリートが生まれないのです。

ヨーロッパですと、ノルマン人によるイングランド支配のように、外からやってきた民族が原住民族を征服し、社会の上層部を占めたという千年の歴史がありますから、人種的にも遺伝子的にも一般大衆とは違います。

イギリスやフランスの国家指導者ほどのエリートを見ると、まず体格からして違います。たいてい背がぐんと高く、庶民とは人種が違うのがよくわかります。

日本人は、氷河期が終わって大陸から離れた島国になってからの縄文時代の一万年間に、この小さな島の中で遺伝子が徹底的に混じり合ったので、東北の人でも九州の人でも、さほど変わりません。階層ができる基礎がないのです。

戦後の平等はもちろんのこと、戦前も、水呑《みずの》み百姓の子どもでも東京帝国大学や陸軍大学校に行けたのはそのためです。しかしそんなことがありえたのは、じつは「世界人類史の奇跡」ともいうべき特殊な事象なのです。

なぜ日本の社会だけに、こうした究極の平等が成り立つのか。それを延々と調べて延々と遡っていくうちに、社会の構造や価値観だけでなく、古代から人種的、遺伝子的に日本人の成り立ちを考える必要があるように思ったのです。そうして縄文時代にまで遡ってしまうと、先ほど述べたように、なぜ東北人も九州人もさほど変わりがないのか、非常によくわかるようになりました。

日本という国は、生物学的にもきわめて同一性の高い民族で、文明の本質として「平等な国」になるのも当然なのです。天皇がいて、国民にはいっさいの身分差がないという「一君万民」は、まさにこの国の国体であり、日本の文明史的基礎といっていいでしょう。

私は、国際政治や国のあり方を研究しながらも、どうしても文化・文明の本質という面に興味がいきますので、同僚学者がやっているような手近な国会や政党の政策分析といったようなことは、どうもつまらないことに思えてしまいます。もちろん仕事ですから、なおざりにしているつもりはないのですが、それだけ見ていては結局わからないはずだと、どうしても感じてしまうのです。

話を「エリート」に戻しますと、本来の階級差のない日本では、国を動かす人たちも、もともと庶民で、エリートになったといってもたいてい二代ないし数代限りです。いまの政界には二世議員、三世議員が多いといいますが、長くてもせいぜい四代です。十代続く国会議員がざらにいるヨーロッパとは、わけが違います。

欧米のエリートは、その多くが先祖代々その国の上層部を占めてきた貴族で、庶民とは違う世界で何百年と生きています。先に触れた「ノーブレスオブリージ」のもともとの意味は、貴族は戦争になったらいち早く参戦し、戦場で「突撃」になったら先頭に立たなければいけないということです。

つまり権力者は重い社会的責任を負うということを、ヨーロッパの貴族は子どものころから教えられて育っているのです。ヨーロッパのエリートとは、そういう人たちです。

日本の中枢を担う人たちを、このような欧米のエリートといっしょに考えてしまっては、それぞれの国の本質を見誤ってしまい、国際社会を正しくとらえることができません。

このことをよく頭に入れて、世界と日本を考えることが重要です。

考え方
38

「政府」と「国民」の違いを知る

考えるポイント　首都ワシントンを一番意識していない国民はアメリカ人である。世の中を正しくとらえるには、その国の政治中枢と一般庶民の意識をはっきり区別して考える。

その昔、アヘン戦争以前の清朝《しん》（中国）には、四億の農民が各地に暮らしていました。農民たちは、北京にいる皇帝が何をしているのか、誰も知りません。

「俺たちは、先祖代々この土地で井戸を掘って水を飲み、田を耕して生きてきた。皇帝がどうであろうと、わしらには何の関係もない」

そんな農民の声が、何百年、何千年もの間、詩に詠《うた》われてきたのです。

島国の日本と違って、民衆が政治と無関係に生きていけるのが大陸国家です。そういう意味において、現代のアメリカ社会も、清朝の中国とまったく同じ構図をなしています。

「ワシントンはアメリカじゃない。あそこはアメリカ社会とは別世界の特殊なところ。あれをアメリカだと思わないでくれ」と、多くのアメリカ人はいいます。

アメリカの民衆は、「世界と生きている」とは、みじんも思っていません。「『民主主義を世界に押し拡げたい』などと偉そうなことをいうのはひと握りのエリートで、奴らの本質はカネと権力の亡者だ。こういう連中がわれわれのカネと力を使ってイラクやアフガニスタンを攻めて失敗し、われわれにトラブルをもたらしている」

これが一般のアメリカ国民の意識です。

大衆をいかに騙して税金を取り、権力を握って世の中を動かすか、その「騙しのシステム」がアメリカ政治の正体だ、というわけです。

したがって、アメリカという国を考えるときに非常に大事なことは、ワシントンの政治とアメリカ社会一般、アメリカ人一般をつねに区別して見ることです。日本人は往々にして、「アメリカ=大統領政権」だと思っていますが、これは大間違いです。日本人がアメリカ観を間違うのはそのためです。

アメリカの地方へ行ってテレビを見ていると、全国ネットは別ですが、農民なら農民向けのチャンネルがあって、そこでは「農産物の買い入れ価格がどうなる」というようなニュースは盛んに報じられますが、ワシントンで何が起こっているかなど、何も流れてきません。

一般のアメリカ人が政治を意識するのは、イラク戦争のときのような、税金が問題になるときだけです。ですからアメリカ全体で見たら、ワシントンの重要性は百分の一くらいの位置づけしかありません。

日本人にはそれが八割、九割を占めてしまい、アメリカといえば大統領周辺のことしか思い浮かばないのです。それは、日本の歪んだメディア情報のせいです。マスコミも私たちも「ワシントン」の動きを過大にとらえてしまうのは、それが世界や日本に大きな影響を与えるからです。

しかし、清朝の農民がそうだったように、アメリカの民衆には大統領がどうだろうが、何の影響もありません。「政治が関与するのはおかしい」「地域や社会が国を支えているのであって、その反対ではない」というのが、アメリカ人の徹底した考え方です。つまり、世界中で一番ワシントンを意識しない国民は、アメリカ人だということです。

大統領政権とアメリカ社会一般とはまったく「別世界」のものとして峻別して考えないと、間違ったアメリカ観を持ってしまいます。同じことは、日本以外のほかの多くの国にも当てはまります。つねにこのことを念頭に置いて世界を見ることが大切です。

第5章

疑問を抱く技術

考え方39

ふと浮かんだ「疑問」を封じ込めない

考えるポイント　情報は歪められていることがあるので、自分の実感を大切にする。ふとわいた疑問を抑え込まず、突き詰めて考えていくと、真実が見えてくる。

ふと浮かんだ疑問は、自分の正直な感覚です。ものごとを考えるときは、冷静な情報分析も必要ですが、この「感覚」がものをいうことも多いのです。

私たちが得る情報は、多くは人の口を介して、とくに新聞をはじめさまざまなメディア、情報機関によるものです。そこでは情報が歪められている可能性もあります。

最近、反省とともに「感覚的な疑問」の大切さを改めて感じたのは、イラク戦争についてでした。当初の私は、イラク戦争は、バグダッド陥落後も混乱は続き、相当激化したあと二、三年でだんだんと落ち着き、イラク経済の発展も始まってくるだろうと考えていました。しかし、現状はまったく違います。六年以上たってもイラク情勢は依然として混迷状態にあります。そこで私は、「予測をどこでどう間違えたのか」と何度も反芻しました。

一つ考えられるのは、入ってくる情報に歪みがあったことです。「ランド研究所やCSIS（いずれもアメリカの一流シンクタンク）ではこういう見解を示している」「湾岸戦争で脆《もろ》くも崩れたイラクは、いまはもっと弱っている」、あるいは「アメリカはすでに並ぶものなき軍事大国で、アメリカの力は隔絶している」など、盛んにワシントンやニューヨークの一流メディアから伝えられる情報は楽観論一色でした。いま考えると、かなりの部分が情報操作だったのでしょう。

また、アメリカの政権が「大量破壊兵器は存在しなかった」ということを、あんなにあっけなく認めるとは考えられないことでした。さらに私たちは、「イスラム勢力は、単なるゲリラ勢力である」と思わされてきました。じつはイスラム勢力は単なるゲリラ勢力などではなく、多くの国がバックについています。アルカイダも、単なるテロ組織ではなく、国際政治が絡んでいます。中国やロシア、サウジアラビア、ドイツなどが、直接、政府としてではないにしろ、いろいろな思惑から裏でアルカイダなどに便宜を図っています。そういう構図が、いま徐々に見え始めています。

そして私には、とくに悔やまれることがありました。アメリカがバグダッドを占領したときに、「あれ？」という感覚を持ったのです。

一つは、旧フセイン政権の警官や公務員をすべてクビにして失業させてしまったこと。ブッシュは「日本占領の成功」が大きなヒントだ、といっていたのに、まったく違うやり方ではないのか、という疑問です。

しかし、もう一つ、もっと強い疑問だったのは、アメリカ軍がイランやシリアとの国境を閉鎖しなかったことでした。国境を閉鎖しなかったら、イランからアルカイダなどのゲリラ勢力が自由に入ってくるし、シリアやイランとの国境を越え、国外から武器や物資が続々と入ってくる。なのにアメリカ軍は、イラン、シリアとの国境をまったく閉鎖していないのです。

「こんなことでは危ない。なぜ閉めないのだろう」と、疑問に思いました。

ただ私は、その疑問を「まあ、アメリカのことだから、そんなことは百も承知でやっているのだろう」「人工衛星か何かで監視しているのだろう」などと考え、自分の疑問を押し込めて、自分を納得させてしまいました。

いまにして思うと、この疑問は本質を突いていました。

国境を閉めなかったら、イラク国内でいつまでもテロが頻発することは必至だったのです。私は、もっとも不勉強な中東の、しかもアラブの言葉もできないし現地をよく知らない悲しさで、国境を閉鎖しないことの不思議さを突き詰めようとはしなかったのです。

あのとき、ふっとわいた疑問を突き詰め、アメリカ人に会うごとに「なぜ閉鎖しないのか」としつこく聞き回っていれば、私の立場でも、かなりの有効な情報を集められたはずです。早い段階で、「アメリカのイラク戦争は間違っている。この戦争は泥沼化する」とはっきりわかったはずなのです。

当時、国境を閉鎖するには、最低三、四万人の兵力を増派しなくてはなりませんでした。そのころのアメリカは、ラムズフェルド国防長官が、「アメリカは軍事革命をすでに果たした」「衛星とスリムな軍隊で、アメリカは世界のどの地域でも同じことができる」という新ドクトリンを打ち出していました。

「アメリカの鮮やかな勝利」を強調していたのに、兵力を増派するといったら、「じつはうまくいっていないのではないか」という批判を招きかねません。国境を閉鎖しなかったのは、翌年の大統領選を控えイラク戦争をアメリカの「成功物語」にするため、悪い意味で「政治」が介在した結果といえるでしょう。

戦争というのは、物理的な要因で勝敗が決まります。いくら「民主化」や「市場経済の恩恵」を説いても、しょせんキレイごとで、戦場では何の効果もありません。

またその場の勢いで何が起きるかわかりません。戦争はバクチなのです。一瞬のことを見誤り、本当に小さな周辺的なことを見失うと、国の運命がひっくり返る危険性があるのです。

ラムズフェルド国防長官のやった大バクチは、アメリカに大打撃を与えました。イラク戦争の泥沼で、今後十年はアメリカの足腰が立たなくなるでしょう。その間に、もしかすると唯一の超大国としての覇権も失うでしょう。非常に大きな傷をもたらしたのです。

これはアメリカという、国としての一大事の話ですが、個人の場合も、同じことがいえます。情報に接したときは、自分の実感が大切なのです。実感として「こうじゃないのか？」と肌身で感じた疑問は、無理に押さえつけないことが必要です。

アメリカという国は、テクノロジーとイデオロギーでしかものを考えない傾向の強い国で、「直感」とか「知恵」とか内面にあるものを無視しがちですが、それで引き起こす失敗は、ときとして甚大なスケールのものになるのです。

日本人も、構造改革やＩＴ革命が叫ばれて以降、こうしたアメリカ型の発想や思考をよしとする傾向が一部に見られますが、十分心しなければなりません。「慎み」を重んじる日本的メンタリティをバカにしてはならないのです。

考え方40

誰も疑わない「美しい言葉」こそ疑ってみる

考えるポイント　「自由」「平等」「平和」「民主」は、戦後日本人に思考停止を強いた四つの言葉である。その言葉の裏を知り、呪縛《じゅばく》から解かれて初めて、日本人は自分の頭で考えられる。

ものを考えるとき、「言葉」が重要なツール（道具）になると、別項でお話ししました。新しい言葉に出合ったら、それがどんな情報や感情や概念を運んできたものか、冷静に見分けなくてはなりません。

言葉の中には、見るからに胡散《うさん》臭くて、信用できそうもないものがあるかと思えば、見ただけでほれぼれし、まるで恋人からのラブレターのように、甘く美しい響きを持ったものもあります。

試みに、次の言葉のうちで、あなたが好感の持てるものを選んでみてください。

「豪華」「自慢」「自由」「蓄財」「大物」「平等」「格安」「平和」「出世」「民主」「欲望丸出し」では品がない、とか何とか思って、おそらく大部分の人が、「自由」「平等」「平和」「民主」などを選んだでしょう。誰も疑わない美しい意味を持つ言葉ですが、じつはここに危険なワナが隠されているのです。

一見して「美しい」言葉は、人びとの思考停止を誘います。字面を見ただけで、これらは文句なしに正しい言葉として不問に付されたまま、議論が進んでしまうのです。

戦後、日本の教育の根幹とされたのは民主主義教育でした。戦前の教育を「滅私奉公」の誤った教育と決めつけられた日本人は、民主主義教育こそ、日本人を根本的に改革するものと歓迎しました。

たしかに民主主義は、民が主役であることを謳《うた》っていますから、すばらしい解放感を味わったという日本人も多いことでしょう。

しかし、民主主義に戦後をつけて、「戦後民主主義」にすると、何やら胡散臭いものがただよい始めます。私には、それがこれからの日本の国家としての基本構造をいよいよ崩壊させる元凶になるのではないか、とさえ思えてならないのです。

このような一見美しい言葉に対して、つねに警戒し疑問を持つことも、自分の頭で考える訓練をするとき、大切な考え方の方法の一つです。「美しいバラにはトゲがある」とよくいわれますが、美しい言葉にも「トゲ」があることがしばしばあるのです。

ここでは具体的に、戦後教育に美しくちりばめられている四つの言葉を見直してみたいと思います。そうすることによって、戦後民主主義が、今日いかに日本の進歩と成熟を妨げているかを理解していただけると思うからです。

私は、「戦後とは何か」と自問するとき、先の四つの言葉が、日本独特の解釈のもとに独り歩きした時代と定義しています。外来の異質なものを、本当の意味を理解しないまま取り入れ、今日の混乱に至ってしまったと思うのです。

まず「自由」ですが、人や企業が自由であるためには、自立した個人や組織であることが前提としてなければいけません。

「親は子どもを拘束しない」「会社は社員を契約に則《のっと》った関係以外のところで拘束しない」「政府は企業を拘束しない」という関係を保つには、自立した個人なり組織なりとしての責任が伴うことが前提になるわけです。

ところが、戦後民主主義を教えられた日本人は、自由の概念として「人に迷惑をかけなければ何をしてもいい」ととらえてしまいました。自由をこのように解釈した日本の戦後教育は、かつて法を遵守するあまりヤミ米を拒否して餓死した裁判官がいたという日本の社会に、その五十年後には女子中学生を買春する裁判官を生み出しました。

現在、二十〜三十歳代の戦後教育二代目の世代には根本的なモラルの崩壊をもたらし、「誰にも迷惑をかけていない」とうそぶいて、たとえば「援助交際」という名の実質売春行為が、どの先進国にも見られないほど広汎《こうはん》に行われ、すでに「市民権」さえ得つつあります。

ホリエモンを例に引くまでもなく、無責任な企業家は「金を儲けて何が悪い」とばかりに、法のすき間をかいくぐろうとします。彼らは自由を謳歌《おうか》しているつもりのようですが、重大な社会的モラルや責任を放棄した自由など、本当の意味での自由とはいえません。

「平等」という言葉も同じです。かつては苦学生の救いの門だった国立大学が、いまや親の経済力によって入学の成否が決まるなどという話を聞くにつけ、「機会の平等」はどこへ行ったのかと思わずにはいられないのです。

「平和」という言葉を、私たちは、どれほど愛しながら戦後を生きてきたことでしょう。しかし、一国だけの平和主義が成立しないことは、すでにわかりきった話です。

かつて「もし、どこかの国が攻めてきたら、座して死ぬつもりか」と聞かれて「そうだ」と答えた若者がいたという話がありましたが、世界各地からきな臭いニユースが刻々と入ってきている現在、その若者は、中高年になったいま、どんなことを考えて生きているのでしょう。いささか気になるところです。

日本国憲法が発布されたとき、「これは、世界の魁《さきがけ》ともなるべきすばらしい憲法である」と教えられた私たちですが、その後、日本のあとに続いた国は皆無なのです。

「民主」という言葉も、たしかに美しい言葉ですが、戦後日本の国民や国の尊厳を傷つけるような、いまや日本社会全体に広がる、見る影もないモラルの崩壊が、「戦後民主主義」の到達点であることを考えるとき、私たちは「民主」という言葉そのものを、どこかで使い間違えたとしか思えません。

これらの四つの言葉以外にも、ワナのある「美しい言葉」はたくさんあります。無条件に信じられているような、耳に心地よいきれいな言葉は、一度疑ってみる習慣を身につけるようにしましょう。そうした言葉に出合ったときは、手帳にメモでもしておいて、リストを作り、そこにどんな共通点があるのか考えてみれば、オリジナルな思考とは何か、わかるようになると思います。

考え方41

数字や論理の「正しさ」に惑わされない

考えるポイント 形式的に整った論理より、「肌身の感覚」を大切にする。誰が見ても正しいと思われる論理や数字の中にも、巧妙なテクニックが隠されている。

十数年前に世間を騒然とさせた、オウム真理教の事件を通して、「ディベート」という言葉が広く万人に知られることとなりました。当時、同教団の広報を担当していた幹部の名をもじって、「ああいえばジョウユウ」という流行語までも生み出し、連日マスコミを通じて「ディベート」のパフォーマンスが披露されました。

本来「ディベート」は、法廷のように二手に分かれて、論点を分析・検証し、そして論証をしていくというスタイルをとります。議論の場では、数字や論理を駆使することで、相手の反論を抑え、ただ単に論戦に勝利すればいいのですが、本当の意味で心から相手を納得させられるかどうかは疑問です。

数字というのは一番単純明快な論理でできていますが、ほかの言葉と違って具体的なイメージがなく、人間の肌身感覚や皮膚感覚でとらえにくいものです。そのせいか、八割から九割もの人が「数字嫌い」といわれています。

ですから、「ディベート」で勝つための戦略として、都合のいい数字を並べ、肌身感覚ではわからない論理だけで「正しい」理屈を展開されると、聞くほうは反論の手がかりを失って、何か釈然としないまま説き伏せられてしまうのです。

現実の社会でも、同じようなことが政治討論や法廷、企業の会議といった場で繰り広げられています。相手を黙らせたい、自分の思っている方向に結論を導きたいと思っている場合は、形式的に整った論理や数字を振りかざして、一挙にねじ伏せようとします。

「ディベート」の本では、誰も反対できない大義名分をスローガンとして声高に叫んだり、数字や論理を戦術として上手に利用したりせよと教えています。たしかにそういった論戦では有効でしょうが、個人対個人の心からの納得を得られるものではありません。

ふだんの生活の中でも、つい「なるほど」と思ってしまう数字や、誰が聞いても反対できないようなスローガン、疑うことのできない三段論法などを出してくる人には、とりあえず注意が必要なのです。とくにその人の本当の意図がどこにあるのか、あるいは、その人の人間としての誠実さはどうなのか、といった観点でチェックしておくことです。

たとえば、「AイコールB、BイコールC、ゆえにAイコールC」という三段論法によって導かれた「AイコールC」という答えは、どこから見ても疑う余地などないように思われますが、じつはここに大きな落とし穴があります。

人間は次々と出される命題や情報の展開に出合うと、「次は何が出るのだろう」と、次を「待つ姿勢」、つまり受け身に回る姿勢ができあがってしまいます。

すると、最初の「AイコールB」のところで疑う余地があったとしても、この「待つ姿勢」が勝ってしまい、とりあえず、という気持ちで予定調和的に最初の「AイコールB」を正しいものと理解してしまうのです。「BイコールC」についても同様で、どんどん引っ張っていかれます。そこにディベートにおける三段論法のテクニックがあるわけです。

人間は非常に弱いもので、よほどのへソ曲がりでないかぎり、立て板に水を流すように数字や論理を畳みかけられると、すっかり相手のペースに巻き込まれ、自分で考えるまえに、「そうかもしれない」と納得しようとしてしまいます。そればかりか「そう思いたい」という欲求さえ無意識に生じさせてしまうのです。

しかし、基本的にそうした論じ方は、けっして相手の心に訴えて理解させようとする姿勢ではないのですから、お互いが心から納得し合うことはとうていありえないのです。つまり勝ち負けを争うためだけのゲームの世界で、その場を離れれば、やがて頭から消えてゆきます。

人と人が話し合うときに、目と目を見て話すこと、そこから伝わって肌身で感じられることの大切さを、もう一度見直すべきです。

人間は「絆を求める動物」です。相手を心から理解するためには、お互いに考えていることを聞いて、人間的な接触を通して本音を打ち明け合う、それが肌身感覚というものだと思います。論理とともに、自らの情感、この二つがそろって初めて、説得されてもよい、という状態になるのが本当なのです。

「理屈はそうかもしれないけれど、何か釈然としない」という感覚や、「どうも腑《ふ》に落ちない」という感覚をもっと大切にしなければいけません。それは、「気持ちはわかるけど……」というときと同じで、十分に留保すべきです。

相手のペースに巻き込まれてしまわないよう、何か感覚的に引っかかるものがあれば、もう一度元に戻って、じっくり自分で考えることが必要です。

ふつう人間の頭脳は、瞬時にさまざまな事象を理解することはできません。そういう意味において、知的能力は人によってバラつきは大きいのですが、肌身感覚や皮膚感覚といったファジーな感覚は、すべての人間が生まれながらに持っている、危機回避のために備わった能力、つまり安全装置なのかもしれません。

頭で正しいと判断しても、何かのシグナルを察知したときは、立ち止まってもう一度振り返るという、そんな心の強さを身につけておきたいものです。

考え方 42

「先に結論ありき」の議論に注意する

考えるポイント　反論の余地のない見事すぎる議論は、「先に結論ありき」の仕組まれたものである可能性がある。特定の結論に都合のいい情報ばかりが採用されていないか注意する。

数字や論理のトリックに惑わされることなく、自分の肌身感覚、皮膚感覚を信じて、小さな疑問を見逃さないことが大切だと、これまで述べてきました。

なかでも強敵なのが、相手が最初から自分の都合のいい結論を持っていて、「先に結論ありき」の論理を組み立てているときです。

本来、ものごとを考えるとか、議論するとかいうときは、まだ結論が出ていない問題だからこそ、そうした議論や考察が必要なわけです。

ところが、ときとして最初から特定の結論があり、それをあたかも自由な討論の末に出てきた結論のように見せかける議論が行われることがあります。これでは公平な議論になりません。しかし現実にはこうした議論が多すぎるのが昨今の世の中です。

たとえば、こちらが何の予備知識もないところに、容赦なく専門知識や数字を持ち出して、一方的に議論を進める人たちがいます。せめて事前に議論のあらましを知らせてくれれば、素人も素人なりに準備することができます。しかし、意図的な相手は、わざとそれをさせないようにして、議論を挑んでくるのです。

お役所などで水道工事の予算を審議しているときに、これだけの戸数増、人口増があったのだから、この工事予算は妥当だという数字を示します。もしこの担当者があらかじめ「原案どおりで決定」という「結論ありき」で臨んでいたとしたら、都合の悪い数字は闇《やみ》に葬ってしまい、好ましい結論を導き出すための数字を用意周到に準備してくるはずです。

これでは、何の反論もできないまま、一気に意図された結論に流されてしまっても無理ありません。こちらは丸腰なのに、相手に飛び道具を使われたようなもので、太刀《たち》打ちできるはずがないのです。

このように、すでに結論の「落としどころ」「着地点」が決まっているのに、形だけ論議をするという会議が最近とくに多くなっているようです。以前、問題になった「やらせタウンミーティング」なども、そのいい例でしょう。

巧みに仕組まれたこの種の会議では、見事なまでの論理的整合性で、非の打ちどころのない議論が展開されます。そして反論の余地のない結論を出しますから、騙されたことに気づかないのです。

あまりに見事な「反論の余地のない議論」は、「先に結論ありき」だったのではないかと疑ってみるほうがいいようです。俗に言う「嘘臭さ」を嗅《か》ぎ分ける感覚です。一見上等な議論ほど、私たちから考える機会を奪い、間違った方向に導く危うさをはらんでいる場合が多いからです。

考え方
43

「早く」見つけ、「遅く」行動する

考えるポイント 問題を早く知ることができれば、知ったあとはじっくり対策を立てられる。「粘り強く主張し、潔く譲る」とともに、イギリス流戦略の知恵である。

私は、イギリスをもっとも国家戦略の巧みな国家と位置づけています。そのイギリス外交の特質をひと言でいえば、前にも触れた「早く見つけ、遅く行動する」という考え方が基本にあるということです。

まず、「早く見つける」ことですが、事態を早めに把握することができれば、その推移をじっくりと見極めることができます。これは、行動するのに「もっともふさわしいとき」を見出すための不可欠な条件といえます。世の中のことは、「タイミングが命」といえる場合が多いからです。

こうした考え方から、イギリスは「情報」というものを徹底的に重視してきました。その傾向は、近代的なイギリス外交が始まった十六世紀、エリザベス一世の時代にはすでにあり、現代に至るまで、イギリス外交の特徴となっています。

情報重視の考え方の下に、エリザベス一世の宰相フランシス・ウォルシンガムは、気の遠くなるような努力で、超一流の情報収集システムを作り上げました。それは、その後のイギリス情報活動の伝統とパターンを形づくるものとなったのです。

その一つに、「情報ルートの複線化」があります。ヨーロッパでは大昔から外交官の重要な職務に情報収集という項目が入っていますが、ウォルシンガム以来、イギリスの情報活動の主宰者たちは、むしろ外交官情報に多くを期待しませんでした。外交官は目立ちやすく、社会の権力エリートだから、その政治的立場もあり、独自の利害や見解に傾きがちであるという問題点があるからです。そして何よりも、「専門家」の情報を「胡散臭い」とみなす、イギリス的な健全な人間観も大きく影響しています。

「専門家のもの知らず」とよくいわれますが、イギリスには、「人は、仕事を離れたとき、もっともすばらしい一面を見せる」という考え方が根強くあったのです。

したがって、イギリスの情報活動の主宰者は、独自のネットワークを作りました。情報収集に必要な柔軟な知性、とっぴなほどの行動性、人間心理の綾《あや》を読み取る柔軟な感性などは専門家は持ちえないと考え、外交などのアマチュアである一般人、とくに定職に就かない、いわゆる「文化人」に人材を求めました。

前出のウォルシンガムは、スペイン無敵艦隊の情報収集に、詩人のベン・ジョンソンやクリストファー・マーローなどを投入しました。その後も、ダニエル・デフォー、ラディヤード・キプリング、サマセット・モーム、グレアム・グリーンなどが活躍しています。俳優のレスリー・ハワードやグレタ・ガルボなども、イギリス情報部のエージェントだったのです。

政策決定に携わらない人間が情報の収集とその評価・分析をすべきだという考え方は、こうしてイギリス情報活動の伝統になりました。しかも、集まった情報をほかの情報源から「ダブルないしトリプルチェック」をすることの必要性にも早くから気づいていたのです。

しかし、どんなに綿密で正確な情報が得られたとしても、それを政策に反映させるときの方法を間違えると、情報の価値はゼロになってしまいます。そこで、「遅く行動する」という考え方が生まれてくるわけです。

十六世紀末、イギリス閣議は、エリザベス一世の臨席を仰いで、ウォルシンガムが収集した情報をもとに、スペイン領ネーデルラント（いまのオランダ、ベルギーあたり）の内戦への介入・参戦を審議していました。

議論の中心は、イギリスにも大きな脅威だったスペインに抵抗しているオランダの新教徒を支援すべきか否かをめぐるものでした。いまも残る議案書には、「イギリスが持ちうる手段や資源」「フランスがどう対応するか」「国内のカトリック教徒の動向」「貿易に及ぼす影響」など、二十三項目に及ぶ情報のチェックリストが列挙されていて、長時間の議論になったことがうかがえます。その結果、大蔵卿ウィリアム・セシルの意見により、「時期尚早」という結論となったのです。

「たしかに、プロテスタントの抵抗勢力がスペインに屈服すればイギリスは危機にさらされる。いますぐ参戦すれば、スペインとの戦争になってしまう。しかし、スペインが英仏海峡に面する北フランスの港をまだ完全に支配していないから、目下のところイギリスの防衛は可能である。だからいますぐ参戦しなければならないという脅威を受けているわけではない」

これが参戦しない理由となりました。イギリスには、「橋にたどり着くまでは、橋を渡ろうとしてはならない」ということわざがあります。「タイミングは実務の命」という言葉もあります。「ドン・ピシャリ」のタイミングこそ、少ないコストで最大の収穫を得る道です。ギリギリのタイミングを待つことのできる「強い神経」が勝敗の分かれ道ということなのです。こうした考え方こそ、イギリス的な知恵といえそうです。

人間はとかく、脅威（橋）があることを知ったとき、すぐにそれに対処しなければいけない、という強迫観念にかられて行動（橋を渡る）しやすい。しかしそれはえてして危険を招き寄せることになる、という教訓になっているわけです。

繰り返すと、ギリギリのタイミングを待つことのできる「強い神経」を養うことこそ、エリートや人の上に立つ人の大切な心得ということでしょう。

考え方44

「全員一致」は、まず間違いと心得る

考えるポイント　アンケートで圧倒的な数字を示す考え方こそ危ない。ユダヤ人の社会は、全員一致は誰もきちんと考えていない証拠と判断する。これはサバイバルにかかわる大切な教えである。

「全員一致したら、その決定は無効」

これはユダヤ人がサバイバルのために身につけてきた、歴史の大教訓です。何かを決める際に、全員一致の決定は無効になり、また一から議論をやり直さなければいけません。全員一致などありえないことで、もしも全員一致するようなことがあれば、それはもう誰一人として、真剣に考えていない証拠であるとみなすわけです。

ユダヤの子どもたちは、小さいころからその教訓を叩《たた》き込まれ、「みんなが一致している見方は、絶対に間違いである」と教えられて育っています。一人ひとりが真剣に考えれば、いろいろな意見が出て当然だと思っているからです。

これからの日本人も、国民性だとか文化の違いを理由にせず、この考え方だけはぜひとも身につけるべきだと強く思います。これが、それほど重要な教訓であることを、ぜひ知っていただきたいと思います。

それでは、民主主義の代名詞でもある、多数決はどうなのかというと、それはあくまでも当面の、「やむをえない暫定の妥協」であるとされています。

みんなが一つの意見に染まっているということは、とても危険な状態だといえます。それが間違っていたり崩れたりしたときに、全員が共倒れになってしまうからです。

私はよく、「東京一極集中が最大の問題」といっています。

私が住んでいる京都から東京に出てきて、いろいろな会合に参加することで、たしかにさまざまな情報を得ることができます。しかしながら、なぜか重要なポイント、核心の話に近づくと、誰もがみな口をそろえて、同じことを言い始めるのです。

東京中のどこの場所へ行って、別のどんな人に会っても、たとえばお役所に行っても、新聞社に行っても、テレビ局に行っても、国会に行っても、見事にまったく同じ言葉を聞くことがよくあります。

これは東京に一極集中しているがゆえの弊害です。狭いエリアにすべてが凝縮して集まっている東京では、情報をキャッチした人が、ブンブンと蜂《はち》のように狭いエリアを飛び交います。情報を持った蜂は、手を替え品を替えしながら、いろいろなところに飛んでいき、同じ情報を伝えます。

すると、伝え聞いた人が情報の感染者となり、またその情報を別の人に感染させていきます。狭いエリアに密集していますから、あっという間に、あっちでもこっちでも、同じ情報を持って、同じ結論を出していることになります。

その情報は業界を超えて、政治の世界や、シンクタンク、マスメディア、その他いろいろな場所へ伝達されていきます。

そうすると、最初は疑問を持った情報だったとしても、短期間に繰り返し聞くことによって「これは多くの人の話が共通しているから正しいのだ」と誤解し、ときには間違いなく正しい情報だと確信してしまいます。

そういう状態がいま、東京で盛んに起こっています。

ふだん、京都に住んでいる私だからこそ、この異常な情報の伝わり方がよく見えてきます。とくに「情報化」といわれる現在のような、一瞬ですべてが流動化する時代、「多くの人がいっているから」というのは、かえって危険な誤りにつながる場合が大変多いのです。

みんながいっていることが正しいとは限らない。それはかえって危険信号なのだと認識することが大切です。

第6章

情報を考える技術

考え方
45

変化を見るまえに「不変」を見る

考えるポイント　「変わるもの」に目を奪われていると、もっとも大切なものを見失う。変化とは、まったく違うものに変化するのではなく、「不変であるもの」がつねに底に流れていると考えると、すべての状況が納得できる。

洪水のように押し寄せる毎日の情報の中で目立つのは、「新しい情報」です。めまぐるしく変わる世界の中では、いわゆる「トレンディ」なものが重要視され、何百年もの歴史どころか何十年単位の昔さえ、色あせて見えてしまいます。

ある会合で、私がいつもいっているようなイギリスの歴史の話をしたところ、ある経済界の知的リーダーと思《おぼ》しき一人が、

「当時のイギリスと日本は、置かれた状況がまったく違う。第一、現在のグローバル化と情報化の画期的な進展は、そうした国単位の歴史的な経験をほとんど無意味にしている」

という意味のことをいいました。

残念ながらこの発言は、この人だけの特殊なものではなく、日本人の中に相当一

般的に聞かれるものです。

たしかに、現代の「情報化」の波は、パソコンやインターネットの発達という次元を超えて、全体として世界を動かすほどの大きな要因になってきています。時間的・空間的に新しい情報に接する速度、頻度は飛躍的に上がり、昨日新しかった情報が、今日はもう古くなっています。

しかし、こうした変化が過去になかったかといえば、そんなことはありません。たとえば百年前の二十世紀初頭、海底ケーブルのグローバルなネットワークの完成と、無線電信の実用化によって、今日以上に世界の一体化が人びとに印象づけられた時代がありました。

目の前のトレンドに目を奪われると、それがじつは過去にも似たようなことがあった、いわば「前例あり」の事柄なのか、本当に重要視すべき「画期的な変化」なのかも、わからなくなってしまうのです。これはいってみれば歴史の軽視であり、歴史との断絶です。

「歴史を重視して考える」ということは、何がどう変わったか、何がどう新しいかを考えるよりも、「何が変わらないものなのか」を考えることだと、私は思っています。本当の創造性は、「変わらないもの」をつねに意識しているところから生まれるのです。

別の項目でも書きましたが、グローバリゼーションの時代になればなるほど、国単位の考え方がますます強くなります。新しいものに敏感になるのは悪いことではありませんが、たとえば国の行動様式や大衆の発想のパターンなどといった重大な事柄が、一世代、二世代どころか、十年以下のサイクルで変わってしまうはずはないのです。

日本人は、どうもこうした、新しく見えるだけのものに飛びつく、「トレンディ」な発想に弱すぎるようです。たとえば、単なる「衣がえ」にすぎないものに、「これは新しい！」と飛びつくと、振り回されるだけで大事な活力を失いやすくなります。「変わるもの」ばかりに目を向けていると、「変わらないもの」について考える視野が失われてしまいます。

身近な例でこんなことがありました。私は、神戸に拠点を置く不登校の子どもたちの学校「師友塾」に、たびたび招かれて講演をしています。そこの子どもたちは、とても不登校生だったとは思われないほど、みずみずしい感性と知性で私の話を聞いてくれます。

その塾長・大越俊夫氏の著書に『６０００人を一瞬で変えたひと言』があるよう

に、この塾に来た子どもたちは、たちまちにして別人のように元気になります。

この点に関心を持ったジャーナリスト・柳下要司郎氏が、その著書『老舗《しにせ》の教科書』の中で、ある老舗の「変わらない商法」と、師友塾の「変わる生徒」を比較して、おもしろい分析をしています。この一見正反対に見える現象が、じつは本質的には同じものではないかというのです。

老舗とは、四百年の歴史を誇る養命酒を造っている企業のことですが、なぜこれだけ長寿企業になったかというと、変化する時代の中で絶え間ない微調整を繰り返して本業に立ち返り、「変わらないもの」を守っているからだといいます。

同じように、師友塾の子どもたちは「別人のように変わった」ように見えて、じつは「もとの自分」「変わらない本来の自分」に戻っただけなのではないかというのです。これなら苦労して別の人間にならなくていいのですから、戻ろうと思えばあっという間に戻れます。

養命酒は、変化に勝つ「不変の商法」であり、師友塾の子どもたちは、元来あった「変わらない自分」に向けて「変わった」のだと著者はいいます。

いずれも、変化に対して「不変」の価値を主張しています。

日本の未来について深く考えようとするときも、まずこの「変わらないもの」は何かをしっかり見つめ、それを大事にすることです。たしかに現在の日本は、大きく変わらなくてはならない部分があります。しかしそれも、「より大切なものを残すため」に変わるのです。

そうしないと、かつての、つねにすべてを破壊してまったく新しいものだけで進むことを「発展」とか「繁栄」と考える一種の麻薬によってもたらされた今日の日本が、やがて必ずぶつかるであろう進歩の果ての「衰退という運命」から逃れることはできないと思います。

変化を大事にするまえに、「不変」に目を向けると、いっそうよく変化の本質が見えてくるのです。

考え方
46

バラバラの「事実と数字」を見つめ直す

考えるポイント　「事実」と「数字」を自分流に積み上げることからしか「真実」は見えてこない。一見バラバラに見えても、支流が集まって本流になるように、やがてその本質が見えてくる。

歴史小説の名手である司馬遼太郎氏の著書を読んでいると、ときに話の本筋が見えなくなることがあります。

たとえば、日露戦争が主たる舞台になっている『坂の上の雲』の主人公は、のちに「日露の英雄・秋山兄弟」と呼ばれた秋山好古《よしふる》と秋山真之《さねゆき》ですが、そこに同郷の歌人・正岡子規や作家・夏目漱石という、本筋とは直接関係のない人物を配しています。

これら複数の人物を、それぞれの場所で活躍させることで、司馬氏が描きたかったことは何なのか。それは、明治時代そのものでした。話が進むにつれて、あの時代がどんな時代だったのかという一点に、やがて絞られていくのです。

もう一つの代表作『竜馬がゆく』に至っては、主人公の坂本竜馬の行動を追いながら、その他の登場人物についての細かい描写も欠かしません。とくに維新になってから改名した人など、「これは後に……」と枝葉の部分をじつに多く描いています。

しかし、そうすることで、激動の幕末が見事に浮き彫りにされています。もちろん、それは司馬氏の史観ですから、また違う方向から見る必要があるかもしれませんが、まるで見てきたように、あの時代が浮かび上がってきます。主人公とは別に、多くの脇役《わきやく》の活躍場面が支流となり、その支流が集積されて、主人公とその時代という本流へと合流し、全体がいっそう豊かにいきいきと浮かび上がってきます。

ものごとの本質を見極めるには、このように、一見バラバラに見える事実を根気よく集積することが必要なのです。

明治の初め、オランダ人宣教師ギード・フェルベックは日本政府の諮問に答えて、「外交運営の模範はイギリスにあり」といったそうです。しかし、ときの日本の外務官僚は、イギリス外交のどこが模範的なのかを、なかなかつかむことができなかったのではないかと思います。アメリカやフランスとは違って、一見バラバラで、イギリスの外交には「これだ」という原理原則が明示されるようなものが見えにくいからです。

いってみれば、ものごとを性急にまとめて意味づけしたり、一つの軸や枠組みであえて提示したりしないで、事実そのものだけをぽんと放り出す——じつは、それこそがイギリス的な発想のパターンだったわけで、イギリスのことを研究するうえでのむずかしさはまさにここにあります。しかしフェルベックは、この「事実へのあくなき肉薄」こそ、もっとも深いものをつかみうるということ、またそれが外交など世の中の活動一般に大きな比較優位をもたらしてくれるということをいいたかったのだと思います。

たとえばイギリス屈指の外交史家サー・チャールズ・ウェブスターに、ウィーン会議（一八一四〜一五年）でイギリス代表だったカースルレーの外交を扱った著書があります。

この本は、アメリカの元国務長官ヘンリー・キッシンジャーが「まるで文書集でしかない」と批評したように、一見バラバラに見える文書の羅列が「歴史」として提示され、ほとんどその整理や意味づけなどなされていないように見えます。にもかかわらず、この本は、イギリス的な意味で偉大な外交史上の業績として評価されているのです。

正しく状況を把握するためには、細かな事実、一見バラバラに見える「ファクツ・アンド・フィギュアーズ」（事実と数字）の集積が不可欠であり、その中からしか真実は見えてこないというイギリス的なこの手法は、私たちのものの考え方にも重要なヒントを与えてくれるでしょう。

イギリスのある詩人は、カリブ海で暴風雨にあった顚末《てんまつ》を、こと細かく描写した手紙を母親に送ったそうです。滞在していた家の構造や大風が持ち上げた海面の高さや窓ガラスが砕けたさまなど、絵のように描写してあったといいます。

手紙を読む母親に無関係と思える細かなファクツ（事実）の描写に内容の大部分を費やし、最後に、自分と家族が無事だったこと、それが恐ろしい体験だったことが二行だけ書き加えられていたのです。

これもまたイギリス精神の表れといえるでしょう。個々の「事実」を重視し肉薄して、そのうえでおのずと浮かび上がるものを大切にし、ものごとを考えると、明確な「真実」が見えてくる、という考え方がそこには定着しているわけです。それが、誰か他人が行う注釈を介することなく、あくまで「生の情報」への重視につながり、イギリス外交の歴史的成功を支えたのです。

ものの見方・考え方を支える情報の扱い方として、データとしての事実や数字の重要性はいまさらいうまでもありません。しかも、その事実や数字は、できるだけ

「生のもの」である必要があります。第一次情報なのか、すでにあるフィルターを通されたものなのか、という点にとりわけ注意しなければなりません。

便利に「整理された」事実や数字は見やすいかもしれませんが、自分にとって大切なことは、あくまでも自分の頭で考え、そのために、生のバラバラの事実や数字から「真実」を見出そうとするこだわりを身につけることなのです。

考え方47

「自分の絵」にして精度を高める

考えるポイント　公開情報を無視しないで自分なりに整理し、その確度を高めていくことを考える。欲しい情報の九割以上は一般に公開されているので、残りの情報は独自に集める。

情報を積み上げ、それを磨いていく方法を、情報論では「インフォメーションをインテリジェンスに変える」という言い方をします。文字どおり、「情報」を「英知」に変えるために、自分でやらなければいけない、もっとも重要なプロセスです。時宜を得た的確な判断をするには、考える素材としての情報の「速度」だけでなく、「精度」がよくなくてはならないことはいうまでもありません。

情報を集めるといっても、何もスパイ映画に登場しそうな機密情報や、特別な情報を必要としているわけではなく、第一次情報として「速度」を重視した情報の九割以上は、ごく一般的に入手することができるものなのです。

たいがいの場合、それは広く世の中に公開されている情報で、「オープン・ソース情報」といわれています。誰でもその気になりさえすれば、たやすく集めることができるもので、新聞に掲載されていたり、インターネット上にあったり、テレビや本などで紹介されていることもあるでしょう。

この段階で重要なのは、巷《ちまた》に流布している情報だからといって、「誰でも知っているから」と思い、聞きっぱなし集めっぱなしにしないことです。少なくとも自分の関心に合った情報なら、雑な情報でも大事にして、その段階で一応の整理をしておく必要があります。そして自分が集めたその段階での情報をまとめて、ざっくりとした自分なりのストーリーで、一度「絵」（イメージ）を描いてみるのです。

もちろん、この段階で、完璧《かんぺき》な絵を描く必要などありません。日本人は、細部にこだわる完璧主義が災いして、雑な絵を描くことを苦手としています。「もっと十分な情報が集まってからでないとまとめられない」と、最初から完璧な絵を描くことばかりを考え、いざ描き出しても細部にまでこだわって孤軍奮闘してしまい、結局、大所高所からの視点が持てなくなってしまうのです。

たとえば、二〇二〇年の世界がどうなるかといった長期戦略論というものがあります。アメリカ政府などがときおり発表していますが、その中には、驚くほど大胆な予測や、およそありえないようなものまで含まれていることもあります。それをいまの時点でいちいち細かい事象まで検証する必要はありません。

むしろ、あらゆる角度からフォロー・アップを続け、自分なりに精度を少しずつ上げていくことのほうが重要です。

最初に描かれた雑な絵も、どんどん情報を積み重ねていくことで、時間とともに精度が上がり、「インフォメーション（情報）」が「インテリジェンス（英知）」となっていくのです。

個人でも大組織でも自らがリサーチできる情報のうち、九割以上は「オープン情報」であるといいましたが、残り一割の情報は、何とか自分だけの情報網を使って集めたいものです。

私の場合、政治のことだったらあの人に、経済だったらこの人にと、ジャンルごとに、そのジグソーパズルの最後のピースを握っていそうなキーパーソンの顔を思い浮かべます。そして迷わず、その人の話を聞いてみることにしています。

実際には、電話をかけたり、その人に会いに行くなどして、最後のピースを手に入れていきます。こういう場合に備えて自分の切り札、奥の手となる情報源を、ふだんから持つように心がけておくことが肝心です。

信頼できる人的なネットワークは、なかなか簡単にはできないかもしれませんが、折に触れ「この人の意見なら、まず信用できる」という人を探して、いざというときのアドバイスをもらえる関係をつくっておくことが望ましいでしょう。

また、メディアについても、日ごろからいくつかの種類をチェックし、自分なりの方法で採点しておくといいでしょう。タイプの違うメディアを比較して、「この雑誌の情報を信用したら、過去十勝三敗であった」などという観点でメディアの序列をつけておくと、いざというときの急ぎの情報収集にも役立ちます。

いい情報源があるなら、最初から聞きに行けばいいようなものですが、自分の情報力を高めるためとなると、そうはいきません。まずは雑な公開情報でも、最初にそれで「自分の絵」を描いたからこそ、自分の「座標軸」を持つことができて、「次にどんな情報が必要なのか」を考える「情報感度」が養われたのです。

あくまでも自分の頭で考えるための情報です。まずは自分で集めて自分で整理し、自分で精度を高めていくなかで、本当に自分のテーマに必要な情報がわかり、「インフォメーション」を「インテリジェンス」に高めていくことができるのです。

考え方
48

「目的意識」を明確にする

考えるポイント
あふれる情報に流されやすい人間の弱さを知っておく。何でもかんでも集めてしまう完璧主義では、情報分析はうまくいかない。目的意識を明確に持って、できるだけ情報を絞り込むのがコツ。

情報を集めるときには、「目的意識」を持って情報をセレクトすることが大切なのはいうまでもありません。この目的意識のことを「戦略概念《コンセプト》」と呼びます。

情報を集めるにも、「そもそも何のために」という戦略的な考え方が必要であることから、こういう言い方をするのです。

昔から知られている例ですが、情報戦略には「フランス型」と「イギリス型」と呼ばれるものがあります。

イギリスとフランスの両国は、百年戦争をはじめとして何回も戦っていますが、欧州一の大国であるフランスが、小さな島国であるイギリスに繰り返し敗北を喫しています。

イギリスに勝利をもたらした理由の一つが、「イギリス型」の情報戦でした。イギリスは国土も狭く、国家予算も限られているので、相手のまさに心臓部をねらった、ピンポイントの情報収集を行ったのです。

これに対して「フランス型」の情報戦は、大陸的な人海戦術によって、イギリスに関する、ありとあらゆる情報を総花的に収集する方法をとっていました。この大量に集められた情報の中から、すぐに役立つような「イギリスの弱点」を見つけ出すことは至難の業でした。

結局、フランスは、イギリスに先んじて拓いていた北米大陸やインド、アフリカの植民地を、イギリスに奪われてしまいます。イギリスは小国だという事情があったにせよ、情報戦の本質をよく知っていたのです。

フランスの例に限らず、ともするとわれわれは、情報を集め始めると、集めること自体が目的化し、あれも集めたい、これも集めたいという誘惑に負けて、目的意識を失いがちになります。そういう人間の弱さをよく理解し、目的意識がブレることなく、ピンポイントに絞った情報収集をしたのがイギリスだったのです。

フランスは昔から論理主義の国ですから、すべての材料をそろえてから完璧な戦略を立てようとする傾向があります。その情報姿勢の違いが、勝敗を分ける大きな分岐点になってしまったことは確かでしょう。

数々の戦争における、イギリスとフランスの情報戦の戦い方は、「何のための」情報収集か、という目的意識の大切さを教えてくれています。

ありとあらゆる情報を集めたくなる「スクラップマニア」などになると、集めた情報をチェックし、整理するだけでも大変な作業で、いったい何のために情報を集めていたのか、そもそもの目的がわからなくなってしまいます。

情報収集を人に依頼したり、情報クリッピングサービスなどを使ったりして、キーワードに引っかかる情報を集める場合にも、同じようなことがいえます。目的意識が明確でないために、機械的な検索から、膨大な量の情報が集まってしまうのです。

イギリス型、フランス型の戦略的意味をよく思い出して、その際、終始、何が大切な情報なのかを考える「戦略的感性」を、意識して磨いていってください。労多くして実りの少ない情報収集にならないためには、まさにこの「何のための情報か」という最初の一歩が決定的に重要なのです。

考え方
49

チェックには「別の頭」を使う

考えるポイント　予断や先入観を排するには、情報収集と判断の役割を分ける。けっして身構えず、ニュートラルな気持ちで情報整理を行うことが肝心。規模が大きくなれば、ダブルチェック、トリプルチェックをする。

真相、実相を知るためには、予断や先入観を持たないことが肝心です。

情報を集めていくうちに、人は誰でも、いったいどうなるのかと不安になり、性急に「ああかもしれない」「こうかもしれない」と、勝手なシナリオを描いてしまいがちです。いろいろな情報に接しているうちに、自分に都合のいいストーリーを無意識につくってしまうこともあります。そうすると、それが先入観となって、見え始めた真実を隠してしまうことにもなります。

実際の真実は、案外「単純」であったり、思いもよらないもの、つまり「意外なこと」だったりします。勝手な先入観を持っていると、知らず知らずのうちに先入観が邪魔をして、真実が見えなくなってしまいます。

どうしたら先入観を持たずに、情報収集することができるかということが、情報を分析するうえでの最大の難所となります。

なるべくリラックスした状態で、情報に対して身構えないこと、結果を勝手に想像するような雑念や我執を払拭《ふっしょく》し、自然体でニュートラルに情報を集めることが大切です。

しかし、身構えることなく情報を集めるということは、口でいうほど簡単ではありません。人間は弱いもので、ついつい先のことを心配して、あれやこれやと雑念が入り、自分にとって不都合な情報は無意識にフィルターにかけて情報の事前選別をするという、「甘い誘惑」に負けてしまいがちだからです。

それを解決するための一つの方法として、情報を集める人と、情報を選別する人に分業する「別の頭」の使い方があります。

会社であれば、別のスタッフ・チームに分業させることもできます。その場合の選別・分析をする人は、依頼者（最高責任者や収集担当者）に媚びへつらわない人がベストです。上司から認められたい、周りから評価されたいと思っているスタッフでは、どうしても上司や周辺に喜ばれるような情報を、無意識のうちにセレクトしてしまうからです。これもまた、人間の弱さの一面でしょうか。

理想としては、依頼者と利害関係がなく、顔色をうかがう必要がない人で、淡々と仕事をこなすような職人気質の人がもっとも適任者といえるでしょう。

さて、個人で一人二役をしなければいけない場合ですが、自分の中に「二人の人格」、つまり「別の頭」を持つように心がけます。

一人は、目的意識をつねに念頭において、淡々と情報収集のできる職人。もう一人は、それを正しく判断し整理することのできる情報管理者です。

情報を集める際には、先入観を持たずにひたすら作業を進める。集まった情報から何らかの選別や判断をする際には、大局的な観点を持ちながら考える。そういうふうに頭の使い方、もっといえば「人格」を切り換えるのです。

大手の企業では、情報の表ルートと裏ルートをつくり、ダブルチェックをすることが一般的になっていますが、個人の頭の中でも、このようなチェック体制ができれば、より真実に近づいていけます。

「人間はとても弱いもの」を大前提に、「別の頭」を有効に使いたいものです。

考え方
50

危機は、まず「人心の変化」に現れる

考えるポイント　本当の危機は、まず人の心の中に現れる。それが形になって表れた結果が、「出来事」なのである。だから、危機を読むにはまず、人の心の中に起きる変化を見なければいけない。

私は二〇〇一年に『いま本当の危機が始まった』という本を書きました。ここでいう「本当の危機」とは、どんな危機なのでしょうか。

銀行が潰れること、北朝鮮からミサイルが飛んでくること、中国との軋轢がさらに広がること、あるいは、日本の政治が大混乱に陥り、経済大国から没落してしまうこと。いまの日本は、これらたくさんの危機にさらされています。

しかし、まずいっておきたいことは、「危機というものは、実際の出来事より先に人間の心の中に起こる」ということです。

それが現実に結果として表れたとき、それを「危機」とはいわず、「破局」といいます。「危機」は英語でクライシス（crisis）といいますが、同時に「運命の分かれ目」という意味もあるのです。

私の専門は国際政治学で、とりわけ世界が大きく変化するときには、どういう要因で変化するのかということを考える国際秩序論を専門にしています。その研究にはいろいろな方法がありますが、私の場合は「歴史を通じて考える」ようにしています。したがって古今東西、いろいろな歴史を勉強しました。

歴史というのは、過去に起きた雑多な出来事の集積のように思われがちです。たとえば、何年にどんな事件が起こり、どういう人物がかかわったおかげで、事態がこのように変化して、こういう結果になって終わった。そして次は……というようにです。

歴史を考えるときに本当に大事なことは、「そこから何を学ぶか」ということです。しかし残念なことに、この日本では、歴史から人生や世界を考えたり、国の先行きを考えたり、あるいは「人間とは何か」というような深い思考に入っていくやり方は、まだ一般的ではありません。

イギリスではこの方法がしっかりと根づいています。たとえば、前にも触れたようにこの国では、本格的に研究に打ち込む歴史家や大学教授が、一般向けのおもしろい歴史の本をよく書いています。

歴史を動かすのは無論人間であり、歴史書もそういう意味で主人公はつねに人間でなければなりません。イギリスで広く読まれる本は、人間の心や内面とふれあうという原則を守りつつ、同時に時代の流れを見事に描き出しています。そういう歴史書を書く人が一番尊敬される学者なのです。

そうした歴史家の本を読んでわかることは、個人の人生にも、国家の大きな歴史の流れにも、危機的なことが一定期間に必ず何度かあるということです。

ヨーロッパの歴史家には、「歴史を動かしていく重要な要因は人間の精神的な部分である」として、非常に深い思考をめぐらせた人がたくさんいます。

その中で、私が大きな影響を受けたのは、ヤコブ・ブルクハルトというスイス生まれの十九世紀の歴史家です。この人は「歴史の危機」という言葉を使って、ギリシャ以来の歴史の流れをいろいろとたどっています。

彼の本の中に、「危機とは、実際に歴史を揺るがす大きな出来事が起こる少し前に、人間の心の中に現れる」という言葉が出てきます。

その時代を生きた人びとの、精神の動きや心のありようから起きた、深いところでの「崩れ」によって、人間は、自分がどちらへ進んだらいいかわからない、あるいは自分で自分がコントロールできなくてバラバラになってしまいそうな状態に陥ります。

そういう状態を、ブルクハルトは「危機」といったのです。

それと似た事態が、各国の歴史にもたびたび起きています。人びとの心の現象としての「危機」が、必ず何十年後かに、時代を根本からひっくり返すような「破局」という結果になって表れてくるのです。

いまの日本を見ると、一見おだやかで平和な時代が続いているようですが、人びとの心の中はどうでしょうか。

自分の進む方向がわからない、自分で自分がコントロールできない、自分がバラバラになってしまいそうという、ブルクハルトが名づけた「危機」の兆候が、もろに人びとの心に現れているように見えます。

ということは、いま、かりに具体的な事件や出来事としての国家的危機がまだ顕著でないとしても、それはもうすぐそこ（といっても、最低でも十～二十年先）まで来ている、ということになります。人びとの心の変化が予兆として、そのことを明らかに示しているという見方なのです。

このように「危機」をとらえる方法があることを、どうか覚えておいてください。

考え方
51

「予兆」を感じるアンテナを磨いておく

考えるポイント　大きな変化には必ずそれに先立つ現象があるが、人はそれを忘れやすい。しっかり記憶にとどめて、必要な対策を講じておくためには、危機感を繰り返し何かの形で思い出すこと。

世の中が大きく変化するときには、必ずいくつかの「予兆」があるものです。

ソ連が崩壊する少し前、私は東ヨーロッパに駐屯《ちゅうとん》しているソ連軍の戦車部隊の数に注目していました。つねに一定だった戦車部隊の数が、崩壊間近になると急激に数が減り、何か起きるのではないかと注目していました。そしてまもなく、ソ連が崩壊したのです。

世の中の変化は、大きく二つのパターンに分かれます。

一つめの変化パターンは、それほど規模は大きくないものの、突発的にやってきて、見た目にも何らかの変化がすぐわかるようなもの。

二つめは、ソ連の崩壊のように大規模な変化で、けっして突発的に起こるものではなく、事前にいくつかの「予兆」があるパターンです。

このような変化を地震にたとえると、前者は断層型地震で、大きく揺れはするものの「予兆」はなく、意外と規模は小さいものです。後者はプレート型地震で、規模は大きいのですが突発的に起こるものではなく、必ず事前にいくつかの「予兆」があります。

突発的な変化は、規模が小さいため驚くことはありませんが、いくつかの「予兆」を繰り返す大きな変化は、あとで本体の大きな揺れがくるもので、まさに忘れたころにやってくる大災害となってしまうわけです。

「予兆」の間隔が長ければ長いほど、人間の記憶は薄れ、大きな揺れに備える意識が希薄になってしまいます。

一般に、怖いプレート型の地震には、必ずいくつかの「予兆」があります。これを感じ取る感性を研ぎ澄ませておきたいものです。

世の中や社会全体にかかわる大きな変化は、ごく普通の人がぽろっと口にする、何気ないひと言の中に、見え隠れすることがあります。学者や研究者といった人たちの言葉ではなく、ごく一般の人たちの話から、そういう「予兆」を感じることができます。「人の心」の微妙な変化は、しばしば重要な「予兆」なのです。

以前、タクシー運転手が乗客との間で交わす会話をもとに社会情勢を読み取った本が出版されたことがありました。そういう何気ない会話の中から、世の中の動きを読み取るためのアンテナを、ぜひとも磨いておきたいものです。

また、マスコミの影響を受けやすい主婦や学生など、身近な人を「定点観測」することによって、意外な「人心の変化」が読み取れる場合もあります。

ふだんから自分用のアンテナを張りめぐらせ、大きな変化の「予兆」を探してみてください。

考え方52

「三十年以上先」は、現在の延長で考えない

考えるポイント 政治や経済の情勢を予測するとき、現情勢を分析してその延長線上に未来の姿を描き出す。しかし、長期の予測は、そうした「投影史観」を採用すると大きく外れることが多い。

未来を予測しようというとき、それが的確にできるかどうかは、「時代の変化」に対してどんな考え方をするかにかかっています。とくに、二十〜三十年以上も先の長期予想はむずかしく、間違いを犯しやすいものです。

未来を予測する考え方としてよく採用されるのは「投影史観《プロジェクション》」です。投影史観とは、現在の状況に光を当てて、その光が投影される延長線上に未来の姿を描き出す考え方をいいます。いま世の中に出回っている多くの未来予測は、もっぱらこの「投影史観」によるものです。

しかしそれは、現状の枠組みが基本的に変わらず、ただ量的に推移するだけ、変化があったとしても、すべては徐々に変化するはずだ、という思い込みともいえます。

たとえば戦後の日本は、かなり長期にわたって、ずっと「右肩上がり」で発展してきました。ですから、戦後の日本人は、投影史観的な考え方によって、そのままずっと直線的に進んでいくと思ってしまいました。だから「バブル崩壊」にまったく備えることができなかったのです。

歴史には、ときにものすごく大きな「断層的変化」が起きることがあります。ガクンと国柄が変わってしまうような出来事が、終戦の昭和二十年を最後にもう起こらないというわけではないのです。それなのに、投影史観的なものの考え方から解放されていないのが、いまの日本といえるでしょう。

現在のありようをそのまま先に伸ばして未来を考えようとして間違えてしまった、最近の典型例を一つあげてみます。それは、数年前から問題視されている「少子化」です。このまま出生率が低下していけば、二〇五〇年の日本の人口は七千数百万になるとか、二一〇〇年にはもっと減って半減するだろうとか、さまざまな予測がなされています。

「現状がこのまま推移するだろう」という投影史観的な考え方から、そうした予想がなされるのです。厚生労働省も、同じような視点で、二〇五〇年の日本の人口予測を発表しています。しかし、三十年を超える長期の人口予測は、ほとんど当たったためしがありません。

日本より早く先進国になって、日本より先に少子化、つまり出生率の低下に悩んだ国は、いまの日本と同じような予測をしました。五十年後の人口はこんなに減る、これは大変なことだと問題視したのです。

しかし、それらの予測はほとんど外れています。イギリスの場合、二十世紀初頭に出生率が大きく低下しました。政府をはじめとする研究機関は、この現象にびっくりし、十七パターンもの人口予測を出しました。それらを調べてみますと、十四例まで完全に予測が外れています。あとの三例は、人口増の予測でしたが、それも現実を大幅に下回っています。

アメリカの場合、出生率が下がり始めたのは一九二〇年代でした。経済の大バブルで、女性が社会に進出するようになり、いわゆる禁酒法の時代で、人びとが刹那《せつな》的になり、出生率がどんどん減っていったのです。一九二九年の大恐慌に続く三〇年代は大不況下で、やはり出生率はさらに下がり続けました。

これらの現状を踏まえて、アメリカ政府は、一九三五年にアメリカの長期人口予測を発表しました。そこには、「一九六五年になったとき、アメリカの人口は三分の二に減っているだろう。大々的に移民を入れるか、それともこのままやっていくかの大変な分かれ道だ」という論調が見られます。

しかし、この予測は大幅に外れました。第二次世界大戦が始まると、急に結婚率が上がり、それにつれて出生率も大幅に上がっていきました。これがずっと一九六五年まで続き、「大ベビーブーム」時代が出現したのです。アメリカでも、人口予測とはまったく正反対の結果になりました。

何十年かに一度ぐらいは、国はこうした体験をするものです。誰も予測できない「断層的な変化」です。歴史には必ず、それまでの状況と百八十度違う方向に動き出す、という「歴史的な転換点」というものがあるのです。ですから、日本が問題視している少子化問題も、予測どおりにいかない可能性が高いといえるでしょう。

そういう意味でいえば、戦後の五十年間、右肩上がりで進んできた日本の状態は、かなり例外的な時代だったといえます。その時代に働き盛りのときを過ごした団塊の世代は、いまのような社会を予想しませんでした。多額の年金と退職金で悠々自適なバラ色の人生が待っていると信じて仕事に励んできたのです。

しかし、それは「夢のまた夢」になりつつあります。いつの時代も、三十年以上先を考えるとき、いまの社会が「このまま続く」という投影史観的な考え方に傾くと、国や企業、そして個人も大きなリスクを抱え込むことになるのです。

大きな変化のない「奇跡の五十年」を味わった日本は、変わらないことに慣れ、変わることを恐れています。しかし私は、二〇二〇年を迎えるころには、この国は、政治も経済も外交も、あるいは人間の価値観もガラリと変わっていると思っています。

その予兆あるいは兆候がすでに現れている現在、これまで保たれていたバランスは大きく崩れ始めました。変化を嫌うあまり、これを座視していたら、日本は大きな「破局」を迎えることになります。

考え方53

「日本人」を明確に意識する

考えるポイント 自画像をはっきり持てば持つほど、ものごとをしっかり考えられる。アイデンティティとは「心の持ち方」なのであり、そこに安心感や勇気がわいてくる。

「自分はいったい何者であるのか」を知り、自画像をはっきり持てば持つほど、ものごとに対して、効率的に対処できるようになります。日本という国にしっかり足場を築くことによって、物心両面での安定感ももたらされます。

とくに「精神の安定」は重要で、自分が何者であるかというアイデンティティが精神を支える根幹の部分を形づくります。もちろん、それにとらわれすぎてはいけませんが、けっして甘く見てはいけないものです。

アイデンティティという考え方は、どういう姿勢や気持ちで使われるかによって、持っている意味合いに雲泥の差が出ます。たとえば、日本人ということでいえば、後ろ向きの心で考えるときは、「どうせそういう国民性だから」と、都合のいい言い訳にもなってしまいます。いまさら変えることなどできないのだから「しょうがない」と、後ろ向きでとらえるか、それを誇りや安心感としてとらえ、自分の「パワーの源」にするかは、結局、自分の心のあり方次第です。「考え方」と「心のあり方」というものは、ほとんど一つのものである、といってもいいと思います。

日本人の美点、つまり日本の強みは、明らかに日本人の「心のあり方」です。じつはこれこそ、西欧はもちろんのこと、中国や東南アジアの国々に対しても、その安定した精神性で圧倒的に優位に立っているもので、とても重要です。

「騙すより騙されろ」、こんな処世訓を親が子どもに教える国は、世界中どこへ行っても見ることはできません。外国人にはとても考えられないことで、騙されるくらいなら先に騙したほうがいいというのが、多くの国々の考え方です。

前にも触れたように、日本特有の神道の考え方の基本に、「明《あかい》・浄《きよい》・正《ただしい》・直《なおい》」があります。「赤き、清き、正しき、直き心」です。とくに直き心（素直な心）というのが絶対の価値を持っています。「三種の神器」の「鏡・剣・玉」は、日本の大切な「三つの心」を表し、古来、日本人が一番大事にしてきたものです。それはつまり、「素直さ、勇気、慈しみ」の三拍子そろって初めて人間《ひと》といえる、というわれわれのアイデンティティです。それをつねにめざす民族だからと、胸を張って誇りに思っていいのではないでしょうか。

日本のそういうアイデンティティを持った企業は、どこに本社を置いても、どんなにグローバルな展開をしていても、もちろん外国人をトップに据えていても、それはまぎれもなく「日本の企業」なのです。

繰り返しますが、トインビーやハンチントンが紹介しているように、日本は独自の「日本文明」を持つ、一つの独立した文明圏なのです。

日本を訪れた外国人が異口同音に驚く日本人の国民性。それは外国人よりもまず私たち自身が、しっかり認識しなければいけないものです。

自分の根っこの部分にあるアイデンティティをしっかり認識し、誇りを取り戻し、そのうえで、いろいろな国の国民性に興味を持ち、お互いに尊重していくことが大切です。

そういう基盤の上に立ってものごとと、この世界を考えていくことが、ブレない「考え方の座標軸」を身につけ、ものごとの本質を見抜く考え方を養ううえで一番大切なことだと思います。

単行本　二〇〇七年十一月　サンマーク出版刊

サンマーク文庫

本質を見抜く「考え方」

2011年7月20日　初版発行
2023年2月20日　第6刷発行

著者　中西輝政
発行人　植木宣隆
発行所　株式会社サンマーク出版
東京都新宿区高田馬場2-16-11
電話 03-5272-3166

フォーマットデザイン　重原 隆
本文DTP　山中 央
印刷　中央精版印刷株式会社
製本　株式会社若林製本工場

落丁・乱丁本はお取り替えいたします。
定価はカバーに表示してあります。

ISBN978-4-7631-6000-3　C0130

ホームページ　http://www.sunmark.co.jp

サンマーク文庫 好評既刊

きっと、よくなる！

本田 健

370万人にお金と人生のあり方を伝授した著者が、「いちばん書きたかったこと」をまとめた、待望のエッセイ集！ 600円

幸せな小金持ちへの8つのステップ

本田 健

「幸せな小金持ち」シリーズが待望の文庫化！ お金と人生の知恵を伝えた著者が初めて世に出した話題作。 543円

お金のIQ お金のEQ

本田 健

数々の幸せな小金持ちの人生を見てきた著者が、経済的な豊かさと幸せのバランスを取る方法を指南する。 571円

「ライフワーク」で豊かに生きる

本田 健

成功する人に共通するライフワークをテーマに、楽しく豊かに自分らしく生きる方法を説く。 552円

愛とは、怖れを手ばなすこと

G・G・ジャンポルスキー
本田 健＝訳

世界で400万部突破のベストセラーが、新訳で登場。ゆるしを知り、怖れを知れば人生は変わる。 543円

※価格はいずれも本体価格です。